무기력
수업

무기력 수업

발행일   2022년 10월 14일

지은이   나명진
펴낸이   손형국
펴낸곳   (주)북랩
편집인   선일영   편집   정두철, 배진용, 김현아, 장하영, 류휘석
디자인   이현수, 김민하, 김영주, 안유경, 신혜림   제작   박기성, 황동현, 구성우, 권태련
마케팅   김회란, 박진관
출판등록 2004. 12. 1(제2012-000051호)
주소   서울특별시 금천구 가산디지털 1로 168, 우림라이온스밸리 B동 B113~114호, C동 B101호
홈페이지   www.book.co.kr
전화번호   (02)2026-5777   팩스   (02)2026-5747

ISBN   979-11-6836-517-9   03190 (종이책)   979-11-6836-518-6 05190 (전자책)

(주)북랩 성공출판의 파트너

북랩 홈페이지와 패밀리 사이트에서 다양한 출판 솔루션을 만나 보세요!

홈페이지 book.co.kr   •   **블로그** blog.naver.com/essaybook   •   **출판문의** book@book.co.kr

작가 연락처 문의 ▸ ask.book.co.kr

작가 연락처는 개인정보이므로 북랩에서 알려드릴 수 없습니다.

무기력 수업

舞起力

나명진 지음

북랩

제3장   무기력의 해결방법

제4장   무기력으로부터의 해방을 위한 워크숍

스스로 무기력에서 벗어나게 하는 지침서

이병준 대표(상담심리학 박사, 파란리본 카운슬링&코칭)

추천자는 상담심리를 전공한 부부상담전문가로서 20년 가까운 세월 동안 개별상담과 집단상담을 통해 3천 쌍 이상의 부부를 상담했다. 그래서 이땅의 부부들이 어떤 문제로 힘겨워하는지를 누구보다 잘 알고 있다. 부부를 다루다 보니 자연히 자녀 문제도 다루게 되었다. ADHD 아들을 둔 어머니를 코칭해 준 실제 내용을 바탕으로 쓴 『다 큰 자녀 싸가지 코칭』이라는 책을 출간(2012)한 이후 자녀 문제로 코칭을 요구하는 부모들이 급증했다. 부모든 자녀든 대부분 분노에 차 있었다. 그것이 폭력과 폭언으로 드러나고 게임중독과 스마트폰 중독, 이기적인 자녀, 반항적인 자녀가 되어 의무라곤 아무것도 안 하고 권리만 주장했다. 그렇지만 그것은 겉으로 드러난 빙산의 일각일 뿐, 진짜 큰 문제는 무기력(Helplessness)이었다. 영혼을 잃어버린 사람들이랄까?

그럼에도 불구하고 국내에는 무기력을 전문적으로 다룬 책이 거의 없었다. 번역서 중에 미국 펜실베이니아 대학의 긍정심리학자인 마틴 셀리그만이

『학습된 무기력』, 『학습된 낙관주의』와 같은 책이 알려져 있긴 하다. 그가 무기력을 연구한 것은 행복을 방해하는 주된 요인이 무기력에 있다는 것을 알았기 때문이었고 다분히 희망적인 메시지를 주고 있다. 무기력은 의식적인 노력을 동원해서 얼마든지 해결할 수 있다는 것이다. 그러나 문제는 무기력의 실체를 제대로 파악하기가 어렵다는 점이다. 일단 치료를 하려면 정확한 진단이 필요하고 정확한 진단을 하려면 문제를 정확히 파악하는 도구나 지침 같은 것이 있어야 한다. 그래서 저자 나명진 소장은 도구와 지침을 만들고자 집필했는데 틀림없이 목마른 사람이 우물 파는 심정이었을 것이다.

나 소장은 일찍이 무기력의 실체를 경험하고 그 대안을 찾으려고 몸부림 쳤던 사람이다. 내가 10년 전 처음 나 소장을 만났을 때, 그는 웃음치료에 흠뻑 매료되어 '웃다 보면 치유된다.'라는 웃음치료의 모토를 신앙처럼 믿고 따르고 있었다. 웃음치료가 무기력을 한 방에 날려버릴 탁월한 도구라고 여겼을 것이다. 그러나 웃음치료를 깊이 알게 되면 될수록, 또 무기력에 대해서 연구하면 할수록 무기력이란 주제가 결코 가볍게 여길 것이 아니라는 것을 점점 깨닫게 되면서 아예 무기력을 집중적으로 연구하기로 결심하고 무기력 연구소까지 개설하였다. 그만큼 그에겐 해결하고픈 주제가 무기력이었다. 이 책의 앞부분에는 무기력에 점철될 수밖에 없었던 자신의 어린 시절과 청년기의 일을 적나라하게 보여주고 있다. 아마 책을 읽다 보면 저자만의 이야기가 아니라 우리 모두가 공감할 것이다. 아울러 무기력에서 벗어나는 방법과 무기력에서 벗어난 사람들의 사례를 통해서 용기도 얻게 될 것이다.

첨단과학의 미래사회로 갈수록 인간에게 편리와 안락은 더 많이 주어지는 반비례 현상으로 심리적 무기력 문제는 더 커질 것이다. 우리 주변을 둘러

보면 경제든 교육이든 어느 분야를 보더라도 중산층이 무너졌다. 이른바 '빅스마일 이론'이라고 해서 가운데 부분이 잘록하게 들어갔다. 중산층이 죄다 빈곤층으로 몰락해 버린 것이다. 중산층으로 살다 빈곤층이 된 사람들은 고질적인 무기력의 문제를 안게 된다. 반복된 좌절 경험이 완전한 무기력 상태를 만들게 되는 것이다. 그래서 무기력의 실체를 알고 대처하고 또 벗어나는 법을 제시하는 나 소장의 안목은 미래를 예측하는 혜안에서 온 것이다. 그러기에 미래를 살아갈 사람들, 특히 우리의 자녀들을 생각해서라도 무기력에서 벗어나는 법은 반드시 배우고 익혀 두어야 하고 가르쳐 주어야 한다. 짧게는 지금 당장의 부정적인 생각에서 오는 무기력에서부터 길게는 오랫동안 고질화된 무기력에서 전부 다 말이다.

무기력의 상대개념은 활력(活力)이다. 늘 살아있는 느낌, '지금 여기'의 삶이 되었든 '카르페디엠'이 되었든 삶은 늘 활력으로 넘칠 때 행복하고, 활력이 넘칠 때 성공한다. 따라서 행복을 원하는 사람이라면 은 꼭 일독을 권한다. 또 자주 무기력의 늪에 빠져 허우적대는 일이 잦은 사람은 자기 치유서로 활용하기 바란다. 읽다 보면 벗어나는 법도 알게 되고 다시 빠지지 않는 법도 배우게 될 것이다. 더구나 미래로 갈수록 셀프힐링(Self-Healing)의 방법이 필요할 텐데 이 책은 그 탁월한 지침서로 충분하다. 읽다 보면 스스로 치유가 되는 마법의 책이 있다면 안 살 사람은 없을 것이다. 이 책은 그 마법의 책이다.

눈코 뜰 새 없는 그대에게

강위원(여민동락공동체 대표살림꾼)

본래 '힐링캠프'니 '감성공부'니 이런 말을 싫어했다. '심리상담'이니 '치유의 인문학'이란 말조차 마뜩잖게 생각했다. 마치 서점에 널린 자기계발서들처럼 신뢰가 가질 않았다. 나약한 인간의 지나친 의존성을 도구 삼는 말장난 수다로 여겨졌기 때문이다.

좋은 세상을 위해 나와 한 배를 타고 동행하는 저자라서, 추천사를 부탁했을 때 흔쾌하게 수락하긴 했다. 그러나 내내 찜찜했다. 보내 준 원고를 펴놓고 목차를 보다가 그만 덮었다. 좋은 관계를 위한 '품앗이' 노동으로만 다가올 뿐 주제가 매혹적이질 않았다.

무기력이라니, 내 삶에선 단 한 번도 있어 본 적 없는 한가한 남 얘기일 뿐이었다. 나는 계획 없이 실행 없는, 완고한 원칙주의자다. 연말이면 단식과 명상으로 한 해를 성찰 점검하고 새해를 계획 설계한다. 매월 매주 철저하게 같은 방식으로 삶을 조직하고 기록한다. 낮도 없고 밤도 없다. 심지어 잠도 별로 없다. 아는 사람 누가 봐도 무기력과는 먼 사람이다. 하루 24시간 쪼개고 쪼개 전투하듯 내달리며 새벽을 여는 완벽주의자다. 더 좋은 삶과 더 바른 세상을 위해선 마땅히 그래야만 한다고 사명으로 자부하고 살 정도다. 무엇보다도 스스로의 의지와 결기만 있다면 새로운 일을 도모하고 시도하고 실험하는 일은 누구에게나 가능한 일이라고 확신하고 산다. 이런 질서로 사는 사람이 '무기력'을 주제로 한 책에 추천사를 쓴다고? 생뚱맞은 조합임이 분명하다.

그러기를 한 달, 미루고 미루다 한나절 시간을 냈다. 예의상 완독은 해봐야 할 것 같아서였다. 아뿔사, 사건은 그때부터 벌어졌다. 편견의 더께가 깨지는 순간들이었다. 원칙주의자이고 완벽주의자는 자부의 결과가 아니라 트라우마 병증일 수도 있겠다는 충격을 받았다. 저자가 아버지의 죽음에 대한 고백을 한 부분에서도, 스트레스를 통제하는 감정지능을 지적하는 곳에서도 딱 내 얘기였다. 서문부터 채찍이었다. 마지막 사례기록까지 결코 남 얘기가 아니었다.

열심히 살고 있다고 '생각'하고 있었을 뿐 감정뇌와 인지뇌의 조화 없이 감정을 단절하고 살고 있었다. 타인에 대한 존중과 배려와 인정을 '주장'하고 살았을 뿐, 스스로를 존중하고 배려하고 인정하지 못한 강박의 표출이 지금 내 모습이었다. '모든 일을 열심히 하는 것이 아니라 중요한 일을 열심히 하는 것이 핵심'이라는 걸 알게 하는 순간, 내 열심의 질서가 얼마나 나를 괴롭히고 있는가 돌아보게 했다. 여전히 사명과 당위로만 스스로를 담금질하면서 진정한 행복과 지향이 무엇인지를 잃고 원칙과 규율로 옭죄는 삶이 파노라

마처럼 그려졌다. 무기력처럼 보이지 않지만, 어쩌면 그 무기력을 어찌할 수 없어 새로운 질서로 억압하고 사는 게 아닌가 반성했다.

시간을 낭비하진 않았으되 시간을 '사랑'할 줄 몰랐다. 정신없이 몰입하는 삶을 살았으되, 정신 있게 내면을 돌보며 안정을 지키고 살진 못했다. 역동적이고 능동적인 몸놀림은 있었으되, 그 자체가 시끄러운 '우울'의 또 다른 병리임을 모르고 살았다. 부끄럽지만, 저자의 글을 통해 이 모든 은폐된 심리를 인정하지 않을 수 없었다.

실은 나명진 대표 첫 강의를 들을 때도 묘한 감정이 뒤죽박죽됐던 적이 있다. 평범한 듯하면서도 비범한 울림이 있는 내용이었다. 가벼운 듯하면서도 묵직한 자극이 있는 주제였다. 저마다 어깨를 들썩이게 만들고 표정을 바꾸게 하고 고개를 끄덕이게 했다. 깊은 공감이 빚어내는 파장이었다. 나만 외톨이었다. 편안하면서도 불편했다. 공감하면서도 저항했다. 내면에 쌓인 우울과 강박과 트라우마를 들키고 싶지 않았다. 애써 무시하고 싶었다. 강의라면 나도 전국 곳곳에 다니며 분야를 가리지 않고 그럴싸한 평가를 들을 정도로 자연스러운 사람이다. 어지간한 강의에 박수를 보내질 않는다. 나 대표 강의는 속을 훤히 뚫어보고 말하는 은은한 위로였다. 인간의 인간다움에 대해 신뢰하면서, 그 바닥에 자리한 보이지 않는 무기력을 토해 내게 만들었다. 강의를 듣고 난 후 내내 신열에 시달렸다. 있는 그대로의 나를 자연스럽고 솔직하게 대면하지 못하는 장애 아닌 장애를 어떻게 극복할 수 있을 것인가, 묻고 또 물었다. 지금까지도 답을 찾지 못한 채, 여전히 열심히 또 열심히 시간을 '관리'하며 살 뿐이었다.

나명진 대표께서 이 책을 통해 다시 내게 제안한다. '눈 코 뜰 새 없이 사는 그대! 시간을 관리하지 말고 사랑하라.', '열심히 사는 것으로 무기력을 억압하거나 억제하지 말고 벗어나 안정을 찾으라.'라고 말이다. 추천사를 쓰라고 했으나, 실은 주문을 한 것이다. 저자의 애틋한 맘을 이제야 알 것 같다. 무기력과는 상관없는 듯한 활력의 대명사(?)에게서조차 문제를 끄집어내는 그의 전문성에 감탄할 뿐이다. 어디 나뿐이랴. 도처에 무기력에 빠져 움츠리는 사람도 있고, 무기력을 은폐하고 과도하게 정열적인 사람이 있다. 모든 이를 위한 응원과 위로, 존중과 해결을 위한 제안서라 할 만하다. 나 대표께서 오래 묵혀둔 가정사를 고백하면서까지 발간을 서두른 이유이리라.

인간됨과 진정성을 믿는다. 순수함과 따듯함을 믿는다. 오래 보지 않았지만, 오래 본 듯한 사람이 나명진 대표다. 글을 보니 더 깊은 공감이 간다. 나 대표의 글과 강의를 통해 더 많은 이들이 존엄을 잃지 않고 자신을 마주하는 계기가 되길 바란다.

4차산업 시대, 무기력의 관점에서

이종식 박사
안양대학교 교수/ 『한국형스티브잡스를 꿈꾸고』 저자

추천자는 이 책의 저자인 나 대표님과 동문수학하며 처음 인연을 맺게 되었다.

우리는 같은 나이에 법학석사 과정을 공부하면서 우정을 키워왔다. 신촌 연세대에서 처음 교류를 시작한 그때부터 나 대표는 상담을 포함하여 사람과 조직의 성장에 필요한 다양한 강연 활동으로 대중들과 소통하면서 영성에서의 치유까지 이어가는 느낌이 들 정도로 많은 일을 해나가고 있었다.

추천자는 대한민국의 국가적 위기가 될 저출산 고령화 현상과 청년실업 극복을 위해 고군분투 중에 있다. 특히, 두 위기를 타개할 해결책으로 일찍이 융합형 인재 육성에 주목하고 그를 위한 여러 재단과 신문사, 교육기관을 만들어왔다. 융합형 인재 육성 관련, 국내 민간 재단으로선 최초라 볼 수 있는 한국융합인재육성재단과 국제 재단인 국제융합과학협회, 그 외에도 국내 융합공작소와 융합신문사 그리고 한국융합사이버평생교육원까지 설립해 활발히 운영중에 있다.

위 기관들을 통해 다재다능한 융합형 인재를 육성, 코앞에 닥친 커다란 국가적 위기인 청년 실업을 극복하는 데 일조하겠다는 사명감을 삶의 동력으로 삼고 있다. 현재도 교단에서 4차산업 인재 육성을 위해 인공지능, 메타버스, 빅데이터, IoT, 3D프린팅, HCI, HRI, UX&UI 등 다양한 분야를 넘나들며 학습과 강의에 매진하고 있다.

우리가 속한 이 시대는 빠르게 초지능, 초연결, 초융합의 중심으로 향하고 있다.

모두 4차산업의 핵심 개념이라 볼 수 있다. 시대의 요구가 기술의 발전을 부르고, 기술의 발전이 다시 이 변화에 가속도를 붙이며 4차산업 시대는 점점 자기확정적 예언이 되어가고 있다. 이렇게 시대와 기술이 빠르게 변화하면서 우리는 다양한 SNS를 통해 대화하고 있다. 단순히 소통량으로만 보면 꿈만 같은 시대다. 한 번도 여행 가본 적 없는 나라의 현지인과 대화를 나눌 수 있고, 연예인, 정치인, 대통령, 심지어 교황과도 소통을 할 수 있다. 원한다면. 우리는 그런 시대에 살고 있다.

하지만 정작 서로 다른 생각과 문화, 환경 차이로 인해 충분한 상호작용을 통한 완전한 소통이 원칙적으로 이뤄질 수 없는 시대, 뉴노멀이 도래해버렸다.

빠르고 정확한 소통을 위해 시작한 기술의 발전이 아이러니하게도 전보다 더한 단절과 고립을 불러온 것이다. 앞으로의 전망 또한 밝지 못하다.

기술의 발전은 필연적으로 단절과 고립을 불러오는데, 그 기술의 발전 속도와 폭이 앞으로 더 심해질 것이 자명하기 때문이다. 단절과 고립은 무기력을 낳는다. 나 대표의 생각과 마찬가지로 추천자 또한 무기력이 더 심화될 것으로 판단된다. 무기력은 알렉산더나 카이사르도 심지어 칭기즈칸조차도 넘볼 수 없는 경지에 다다르고 있다. 이보다 무서운 속도로 국가와 사람을 지배해나가는 정복자는 역사 이래 존재하지 않았다.

　사람이 암에 걸리듯, 무기력은 그렇게 사회를 좀먹는 암이 되어가고 있다. 이러한 무기력은 누구에게나 찾아올 수 있는데 그때 어떻게 헤쳐나가고 극복할 수 있는지 알려주는 실용적인 책이다. 단순히 탁상공론이나 교과서 속 이론에 지나지 않는 거친 풍랑 속에서 진정으로 의지할만한 나침판이라 할 수 있다.

　정리하자면 4차산업 시대는 우리가 상상하는 것보다도 훨씬 빠른 기술의 발전을 불러올 것이고, 그에 따른 무기력의 총량도 상상 이상으로 커질 것이다. 조금만 한 눈을 팔아도 따라가기 벅찬 시대에 우리는 잠재적 무기력증 환자들이다.

　그럼에도 불구하고, 이 시대를 리드 할 수 있는 융합형 인재로 거듭나기 위해선 반드시 무기력을 극복해야만 한다.

　융합형 인재에 대한 설명은 추천자 본인이 저술한 책『한국형 스티브잡스를 꿈꾸며』를 참고하면 좋을 것 같다. 이 책과 병행하며 읽으면 분명 시너지 효과가 있을 거라 확신한다. 4차산업 시대, 기술의 발전에만 주목하는 저자들이 난무하는 이때 가뭄의 단비처럼 무기력을 주제로 다룬 이 책은 그래서 반갑다. 숨가쁜 시대를 살아가는 우리 모두에게 이 책이 조금이나마 영성적인 휴식처가 되리라 기대하고 꼭 그렇게 되길 간절히 바란다.

참고로 추천인 또한 잠깐씩 무기력에 빠진 적이 있다. 여러 직업과 학문을 넘나들며 살다 보니 심한 압박감이 종종 무기력으로 표출된 것 같다. 다행히도 추천인은 흥미를 느끼던 학문과 전공에 꾸준히 몰두하며 무기력을 극복해 나갈 수 있었다.

사람은 각자 자기만의 가치관이 있다. 그 가치관을 바탕으로 문제를 바라보기 때문에, 그에 따른 해석도 해결책도 다르다. 따라서, 당연하게도 이 책이 답을 찾아줄 순 없다. 그러나 이 책이 답을 찾는 데 최고의 친구가 되어줄 순 있다.

코로나와 전쟁 등으로 무기력이 창궐하는 이 세상에서 이 책이 빛과 소금이 되어주길 간절히 바란다.

서평

4차 산업혁명시대의 핵심 키워드인 복잡계 시스템(Complex System)과 초연결사회(Hyper-Connected Society)를 살아가는 우리는 개인과 집단 간의 끊임없는 상호작용을 통한 네트워크 속에서 갈등과 불안을 늘 안고 살아가고 있다. 인생은 속도가 아니라 방향성이라고 한다. 내 안에 내재되어 있는 여러 형태의 증상(Symptoms)을 사전에 탐색하고, 치유할 수만 있다면, 인생의 삶은 훨씬 윤택해질 것으로 확신한다. 저자는 본인의 경험치를 활용하여 무기력(Helplessness)에 대한 개념을 쉽게 소개하고, 행복한 삶을 살아가기 위한 방향성까지 제시해준다는 점에서 이 한 권의 책이 불러올 파장이 벌써부터 기대된다.

– 이준호 교수(한양대학교 경영컨설팅대학원 겸임교수, 한국생산성본부 자문위원)

지나고 나면 변하는 세상~!! 복잡하고 다양한 이 시대를 살아가는 우리에게 무기력은 누구도 예외일 수 없는 침묵의 불청객이다. 보이지 않는 은밀한 무기력은 근심, 걱정, 스트레스를 가중시키고, 질병을 유발하며 삶 자체를 무력하게 한다. 이 책은 의욕과 활력이 있는 건강한 삶, 성공을 꿈꾸고 행복한 삶을 원하는 사람들을 위한 필독서이며, 삶이 힘들고 고단할 때 자신을 되돌아볼 수 있는 좋은 벗이 되어줄 것이다.

–정선주 교수(수원여대 간호학과)

대한민국 모두가 우울하고 무기력증에 빠진 이때, 한마디로 최고의 타이밍에 소개되는 힐링 도서이다. 사람이 마음속에 아픈 기억 하나를 갖지 않고 사는 사람이 있을까? 이 책을 읽으면서 자꾸 나는 문제가 없는지를 반문하게 되었다. 모든 일이 시간이 지나면 익숙해지지만 '무기력해짐이 습관화되는 것만큼 아까운 것이 있을까.'라는 생각도 들었다. 여러분도 이 책을 통해 나를 진단하고, 포기와 절망보다 희망과 의욕을 찾게 되기를 바란다. 또한 진정한 행복의 문, 손잡이는 바로 내 안에 있음을 깨닫게 될 것이다.

-정해성 대표(한국라이브커머스 사업자협동조합 대표)

'무기력의 바다에서 등대를 찾다.' 내 삶 안에는 '내'가 없었다. 그저 타인이 바라는 '나'만 있을 뿐이었다. 내 삶의 궤적 안에 켜켜이 쌓인 수많은 실패와 좌절의 시간들은 난파선이 되어 서서히 수면 밑으로 가라앉은 지 오래다. 무기력의 바다에 갇혀 은폐된 삶을 살아온 내게 이 책은 대양을 향해 돛을 올리고, 노를 저어갈 길을 찾게 해주었다. 불혹이 이미 지난 나이, 이제야 무기력의 바다에서 빠져나오려고 한다. 영혼의 한가운데 꽂힌 '우울'과 '불안'의 깃발 나무를 뽑아 던지고 진정한 '나'를 찾기 위한 치유의 여정을 시작해야겠다. Here and Now, 춤을 추는 바다처럼 살아가리라~!

-김복희 관장(함평군노인복지관)

사람은 열심히 살다가도 가끔은 무기력해진다. 나는 소리로 마음을 치료하는 소리꾼으로서 사람들에게 행복을 주는 직업이다. 화려한 무대에서 공연이 끝나면 가끔 허탈한 감정을 넘어 무기력해지곤 했다. 특히 공연이 없는 날이나 혼자 있는 시간이 많아질수록 더 그랬다. 그럴수록 그 괴로움을 짊어지려고 했었다. 아니 그래야만 되는 줄 알았다. 『무기력 수업』 서평을 제안받고 원고를 정독하는데 무언가 잘못됐다는 걸 깨달았고 해답을 찾을 수 있었다. 그럴수록 일단 움직이고 새로운 습관을 들이는 것이 자신이 원하는 목표를 이루고 더 행복해질 수 있다는 것이었다. 이 책은 이런 감정을 느끼는 사람들에게 꼭 필요하다. 코로나19로 인해 소진된 마음을 『무기력 수업』으로 활력 있는 일상이 될 수 있기를 진심으로 소망한다.

-김산옥 명창(국악인, MBN 조선 판스타 1대 우승자)

아~ 살맛 난다! 활력의 대명사! 나명진!

『무기력 수업』에서의 행복과 성공의 두 마리 토끼 잡기는 동구 자활참여 주민들의 일과 복지라는 두 마리 토끼 잡기입니다. 국가에 '나 가난한 사람이다'라고 신고하고 일하는 사람들이 무기력에 빠진다면 어떤 일이 벌어질까요? 더군다나 코로나로 인해 취약계층의 일자리 불안은 더 심각한 실정이기에 나명진 대표님의 "더 안타까운 마음이 큽니다."라고 말씀하신 기억이 납니다! "자활인들이 사회현실과 맞짱 뜰 수 있는 심리적 맷집을 찾게 해주는 것(동기)이 필요하고, 둘째 자기 힘으로 무엇인가를 어떤 목표를 성취한 경험이 없는 사람들일수록 무기력하다! 그래서 스스로가 무기력해진 원인을 깨닫게 하는 것(자각)이 얼마나 중요한가?"라고 하셨어요! 그것을 증명해주는 무기력하고 우울한 일상을 탈출해서 춤추듯이 활력 있게 일어서게 하는 치료법 『무기력 수업』이 출간되어서 그 누구보다 기쁘게 생각하고 어려운 이웃에 대한 관심과 실천에 진심으로 감사드립니다!

−이수정 센터장(광주광역시 동구지역자활센터)

무기력하고 우울한 사람일수록 또는 심리적으로 미숙한 사람일수록 현재의 문제를 자신에게서 찾지 못하고 항상 외부로 매 순간을 '남의 탓, 상황 탓'만 하며 사는 이들에게 이 책은 자신을 돌아볼 수 있도록 해준다. 또한 의욕이나 활력이 없이 무기력[無氣力]하게 지내는 젊은이들에게 '무기력하고 우울한 일상을 탈출해서 춤추듯이 활력 있게 일어서게 하는 치료법' 『무기력 수업』을 통해 누구나 자신의 행복을 찾아가도록 안내하는 지침서가 되어주기를 소망한다.

−김삼용 센터장(전남광역자활센터)

Industry4.0을 넘어 Industry5.0은 사람과 로봇이 공존하는 시대이다.

기술의 발전으로 사회 시스템이 급전환되는 과정에서 불안정하여 자존감이 떨어지고 무기력해진다. 무기력하지 않은 삶은 도전하고 혁신하는 것이며 행복한 삶의 기초는 건강한 삶을 말한다. 신체의 건강은 꾸준한 운동을 통해 만들어지며 정신적 건강은 긍정적인 생각, 감정조절, 판단능력을 통해 만들어진다. 저자는 몸과 마음을 움직여 무기력한 나를 발견하여 활력을 되찾아 "나다운" 인생을 제시한다. 역경이 경력으로, 걸림돌이 디딤돌로, 무기력에서 기력으로 반전시키는 『무기력 수업』을 통해 행복하고 성공한 삶을 살아가길 응원한다.

-**유근성 공학박사,** 재)인천인재평생교육진흥원 이사

무기력이란 주제는 개인의 문제로 끝나지 않는다. 주변에 지인들과 가정의 자녀들 더 나아가 조직의 구성원들에게 아주 조용히 퍼지는 바이러스와 같다. 결코 대수롭지 않게 여길 수 없는 문제다. 저자의 진솔한 이야기로 인해 시작하는 서론부터 멈출 수가 없었다. 진짜 '무기력 해방일지'를 보았다고 할 수 있다. 이 책을 읽는 동안 자신의 정신 레벨을 올릴수 있는 기회가 분명하다. 저자가 제시하는 솔루션을 통해 자신이 변화되는 놀라운 작은 역사가 시작될 것을 믿어 의심치 마라!

-**이정화 교수**(중소벤처기업진흥공단 전남청년창업사관학교)

"무기력은 게으름과 구별된다." 매일 아침 일찍 일어나 하루를 준비하고 누구보다 열심히 살고 있지만, 어딘가 허전함을 느끼는 분들에게 이 책을 권한다. 나 역시 이 책을 읽기 전까지는 그런 이유를 알지 못했다. 평일을 열심히 살고, 휴일에는 몸에 힘이 전혀 없는 사람으로 살아왔다. 가족들에게는 평소에 일을 많이 하기에 주말에는 푹 쉬어야 한다고 말하며 잠만 자는 가장으로 비추어졌다. 그러나 이 책을 통해 몸에 피로 때문에 주말에 힘이 없는 것이 아님을 알게 되었고 이제 나는 일주일 내내 활력이 넘치는 사람으로 살아갈 수 있게 되었다. 또한 하루하루 감사하고 더욱 열심히 살아갈 수 있게

되었다. 무기력 수업을 통해 진정한 인생의 제2막을 시작하게 되었다.

- 이정섭 감정평가사(감정평가법인 신원)

일자리 및 진로에 고민하는 학생부터 구직자, 퇴직자를 만나면서, 그들의 입사서류를 보게 된다. 노력의 결과와 각자의 색깔을 드러내는 내용이 적혀있는데, 컨설팅 과정에 적기 곤란한 또는 꺼리는 내용이 있다는 것을 알게 된다. 우리는 살아가면서 가슴에 담아둔 일들이 있다. 이것들을 어떻게 가지고 가느냐에 따라 평생을 살아가면서, 문제를 안고 가는지, 해결하고 가는지가 결정된다. 이 결과 중 하나가 무기력이라고 생각한다. 정년의 개념이 사라져가고, 평생 배우면서, 여가와 경제활동을 해야 하는 시대가 다가왔다. 모든 분 들이 안고 살아가고 있는 한 가지 정도 이 책을 통해 털어내고 살아갔으면 한다.

-조익수 대표(좋은인재교육)

"재난은 예방이 우선이며 재난 발생 시 올바른 사고와 판단은 재난에 대응하는 행동의 원천이 된다."라고 수많은 훈련 과정과 교육 현장에서 외치면서도 우리는 가시적이고 표면적인 안전에만 몰두하여 정서의 안정을 놓치는 심각한 오류를 범하고 있다. 정서의 안정이 없이는 합리적인 판단이 불가하여 결국 재난에 노출되고 그런 우리의 생명과 안전은 더 이상 유지될 수 없을 것이다. 무기력은 재난이다. 이 정서적 재난의 예방을 위해서 혹은 벌써 무기력의 재난 상황에 처한 우리가 대응과 복구 능력을 길러 '진정한 무기력

해방'을 소망한다면 이 책은 그 메뉴얼의 사명을 감당하기에 충분하며 이미 독보적이다.

-강명선 수석부회장(한국아동청소년안전교육협회)

크고 작은 어려운 상황과 마주할 때 사람들은 두 가지 유형으로 반응한다.

발생 된 어려움을 세상과 타인의 탓으로 돌리고 현실을 회피하고 도망가는 사람이 있는 반면에 현실과 마주하여 상황을 직시하고 어려운 상황을 돌파하려는 긍정적 힘을 가진 사람도 있다. 이 책을 읽는 당신은 현실과 마주할 수 있는 용기를 갖고 무기력에 학습되지 않고 통제할 수 있는 방법을 깨닫게 된다. 또한 반복적으로 무기력과 우울함에 사로잡혀 왜 매번 고통과 씨름했어야 했는지를 이해하게 된다. 나아가 자신의 내면을 이해하고 사랑하는 자아 성찰의 중요성을 인식하게 되어 지금껏 누리지 못했던 평온함을 통해 마음의 안식을 얻는 기회를 얻게 될 것이다.

- 김보성 대표(재미쌈해피데이연구소)

행복해지기를 누구보다 바라지만 무기력에 빠진 세대. 이 책은 세계적 트라우마인 코로나와 코로나가 가져온 무기력과 우울인 코로나블루로 인해 평범한 일상을 침범당한 우리에게 마음의 힘과 목표를 회복하기 위한 방향을 안내한다. 급변하는 사회, 복잡한 타자와의 관계 속에서도 행복이라는 방탄복을 입고 있는 나의 모습을 상상해보자. 특히 불필요한 감정을 소모하며 우울과 무기력의 경계에서 회복을 원하는 우리 항공업계의 (예비) 승무원들에게도 나와 타인을 긍정적으로 품어낼 수 있는 마음의 여유를 가져다주는 책이 되기를 기대해 본다.

–문지원 원장(에듀플라잇)

저자는 자신도 인지하지 못했던 무기력의 원인을 찾고 탐사하며 무기력 탈출을 위한 전문가가 되었다. 또한 자신의 무기력을 진단하고 치유한 뒤 전문 교육자가 되어 만난 사례들을 통해 독자들 역시 자연스럽게 내 안에 나도 모르게 자리한 무기력을 마주하고, 그 원인을 찾고 새로이 방향을 설정하게 될 것이다. 온전히 나를 위한 '맞춤 방향 설정'으로! 저자는 인생은 속도보다 방향이라고 책을 통해 말한다. 이 책 무기력 수업을 통해 현재의 자신을 되돌아보고 삶의 방향을 재설정하는 독자가 많아지길 바란다.

–양지현 아나운서(프리랜서)

봄이 오는 소리는 움트는 새싹과 피어나는 꽃을 통해 마음으로 들을 수 있지만, 깊숙이 자리 잡은 무기력이라는 괴물은 모습으로 나타나지 않기에 큰 파도를 만날 때 쉽게 뒤집힐 수 있는 무동력의 배와 같다. 이 책은 감히 두려워서 들여다볼 수 없는 내면의 상처를 어루만져주며 위로해주는 힘을 갖고 있다. 감미로운 기타연주와 함께 힐링 강연을 펼치는 나명진 대표의 모습이 자연스럽게 오버랩되는 책이다. 친절한 무기력 해결 방법과 치료법으로 나를 비롯한 대한민국 국민들이 무기력에서 탈출하기를 소망한다.

–신상옥 회장(한국원예치료사협회)

필자는 2020년 2월 대중 강사라는 직업을 잠시 뒤로하고 IT 사업을 하게 되었다. 이유는 코로나19로 인해 계획된 강의와 교육이 거의 취소되고 이전에 경험하지 못한 새로운 시대를 살아가는 것에 대한 불안이 엄습해왔기에 고민 끝에 내린 결정이었다. 특히 먹고사는 것에 대한 고민도 고민이었지만 코로나19는 생존의 모든 것을 위협할 만큼 앞으로 살아갈 미래까지 예측 불가능하게 했다.

코로나19처럼 필자에게 미래에 대한 불안과 불확실성을 가중한 사건은 2016년 3월 인공지능과 바둑의 고수 이세돌의 대결이었다. 평소 바둑을 별로 좋아하지 않는 나 같은 사람도 오랫동안 지켜보게 할 만큼의 대사건이었다. 그 과정을 지켜보는데 호기심에 앞서 코로나19 상황처럼 걱정과 함께 불안감이 더해졌었다. 우리가 살아가는 4차 산업혁명시대에는 인공지능으로 인해 현재의 직업들이 없어지진 않을까? 4차 산업혁명시대와 펜데믹(Pandemic)이 더해지면 나와 우리 가족들이 밥은 먹고 살 수는 있을까? 게다가 코로나19의 변이바이러스를 완전히 통제하지 못하는 현실과 사람이 아닌 인공지능과의 대결 결과가 참패였으니 한 인간으로서 한없이 무력감이 느껴졌다.

필자는 어릴 적 아버지의 갑작스러운 죽음으로 인해 큰 트라우마(Trauma)를 겪었고 그로 인해 나도 모르게 무력감에 찌들어 살았다. 이후에도 그와 유사한 일을 겪을 때마다 꽤 오랫동안 무기력(Helplessness)에 빠지곤 했었다. 그 무기력은 겉으로는 멀쩡해 보여도 금세 우울로 드러났고, 때론 주체할 수 없을 만큼의 분노로 표현되거나 침묵과 게으름이라는 수동공격성으로 나타났다. 어떨 땐 스스로 고립을 선택하기도 했었다. 그 의미는 나 스스로 이 험난한 세상을 살아갈 능력이 부족하다는 것을 위장하는 것이었다. 딴에는 괜찮아 보였을지 몰라도 남들에겐 그저 내면의 문제를 드러내 증상(Symptoms)이었다. 심리학을 공부해 보니 사람은 어떤 방식으로든 자기 문제를 드러내게 되어 있다고 했다. 그래서 나는 건강한 어른으로 성장하는 데 필요한 자양분이 턱없이 부족한 것이었다.

무엇보다 강연과 교육을 통해 많은 사람을 만나며 깨달은 점은 자신의 삶을 활력(Vitality) 있고 행복하게 살아가는 사람들은 행복할 수 있는 능력과 자원(Resource)이 있는 사람들이었고, 무기력으로 인해 자신의 삶을 비관하며 불행하게 사는 사람들은 무기력이라는 패턴을 가진 사람들이었다. 나는 내가 무기력했던 이유를 탐사하다가 학문적으로 정의된 '무기력(Helplessness)'이란 개념을 만날 수 있었다.

이미 미국에서는 긍정심리학(Positive psychology)이란 분야가 2002년부터 마틴 셀리그만이란 심리학자를 중심으로 활성화되고 있었고, 그들은 우울과 불안, 트라우마(Trauma), 외상후스트레스장애(PTSD), 외상후성장(PTG), 정서노동(감정노동), 번아웃 등 사람의 마이너스적인 요소를 플러스로 바꾸는 연구를 활발히 진행하고 있었다. 고맙게도 나는 긍정심리학을 일찍 접할 수 있었고, 그들이 주장하는 치료법을 20여 년 가까이 강연 현장에서 적용하고 있다. 그 과정에서 비로소 눈을 떴다고 할 수 있는데, 막상 눈을 뜨고 보니 우리 주변에는 현재의 행복을 뒤로한 채 생존만을 위해서 살아가는 무기력 환자들로 가득 차 있었다.

특히 지난 2017년부터 광주광역시 ○○지역자활센터에서는 Gate_way 교육생들과 자활사업단에서 근무하는 자활참여자들을 대상으로 무기력 교육과정을 포함하여 웰빙과 행복에 필요한 교육을 최근까지 10여 차례 진행했었다. 그 결과 교육평가는 다행스럽게도 만점에 가까웠고, 지난 6월 중순 무기력 교육에 참여한 교육생은 교육 기간과 휴가가 중복되었음에도 불구하고 휴가를 연기하면서까지 무기력 교육에 참여할 정도로 열정을 보였으며, 교육이 종료되기 전부터 추가 교육을 요구하는 교육생들로 인해 교육 담당자는 기분 좋은 고민에 빠질 수밖에 없었다.

또한 기업에서는 성과 위주의 폐쇄적인 조직문화에 가려 MZ세대들이 업무성과로 인해 무기력한 직원으로 도태되지 않게 혁신적인 대비책을 세워야한다. 무엇보다 조직에서 팀장급 중간관리자나 임원들이 무기력에 빠져 있으면 회사의 생산성 향상에 심각한 저해 요인이 될 수밖에 없다. 지난 2019년에 필자가 교육했던 모기업에서는 한 임원의 무기력 테스트 결과가 평직원들보다 월등히 높아 CEO에게 세심한 관리가 필요하다고 조언했는데 안타깝게도 최근에야 그 임원이 퇴사했다는 것을 알게 되었다. 또 다른 기업에서도 무기력 테스트 결과 20% 넘는 직원들이 일과 생활에 있어 무기력한 일상을 반복하고 있는 것을 확인했지만, 회사 차원에서 '알아서 하겠다'라고 말만 했을뿐 교육 책임자로서 어떠한 조치도 내리지 않는 모습에 안타까움을 감출 수가 없었다.

따라서 무기력 탈출을 위한 교육은 엔데믹 시대에 생존을 위해 전쟁을 치르고 있는 개인과 가족 그리고 조직에서 그 어떤 교육보다도 더 빨리 선행되어야 인적자원 손실을 예방할 수 있다. 특히 기관의 사회적 지원을 받는 대상일수록 먹고사는 문제와 함께 외로운 사회에서 조금이나마 더 행복한 삶을 살 수 있도록 행복해지는 법에 대한 교육을 제공해야 하고, 무엇보다 코로나19로 인해 많은 자영업자와 소상공인들이 버티고 버티다가 학습된 좌절감을 느낄 수밖에 없는 현실을 더는 간과해서는 안 된다. 또한 엔데믹블루로 인해 기관이든 기업이든 전문가의 협업과 지원을 통해 무기력과 우울이라는 악순환의 고리에서 탈출할 수 있는 심리적 회복 교육 프로그램 개입이 절실히 필요하다.

필자는 사람들에게 변화와 성장을 조력하는 전문가다. 강연 현장에서 다양한 사람들을 만나 보니 유독 무기력에 찌들어 있는 개인과 조직일수록 변화와 성장이 어렵고 조금 회복된다 하더라도 이내 다시 무기력과 우울에 빠지는 악순환이 반복된다는 것도 알게 되었다. 이런 악순환이 한 개인의 삶과 가족들의 행복은 물론 조직(직장)과 사회의 생산성 향상에 심각한 저해 요소가 되는 것은 자명한 사실이다. 그래서 그들에게 조금이나마 도움이 되고 싶어서 이 책을 쓰기 시작했다.

더불어 필자는 교육과 강연 그리고 상담에서 만난 사람들에게 무기력을 탈출하게 하는 법을 적용하면서 자연스럽게 무기력을 깊이 있게 연구하게 되었다. 엔데믹으로 일상이 전환되면서 무기력 교육과정에서 만난 사람들은 누구에게도 말하지 못한 과거의 씻을 수 없는 상처와 충격을 안고 현재를 힘겹게 살아내고 있는 사람들이 제법 많았다.

혹시 자신의 배우자나 가족, 친구, 동료, 연인 중에서 무기력과 우울의 늪에서 빠져나오지 못하고, 하루하루를 감정의 노예처럼 살아가는 사람들이 있다면, 이 책이 동아줄이 되기를 간절히 소망한다. 분명한 것은 예측 불가능한 엔데믹 시대를 살아가는 개인과 가족, 조직들은 총성 없는 무기력과의 전쟁이 더욱더 가속될 수밖에 없다. 그 전쟁에서 이기는 사람만이 급변하는 미래사회의 소용돌이 속에서도 늘 우위를 선점하고 행복과 성공이라는 두 마리 토끼를 잡을 수 있게 될 것이다.

이 책 1장에서는 아버지의 죽음이라는 트라우마를 통해 지금까지 성장하는 동안 수도 없이 겪었던 무기력한 삶의 과정들을 저자의 실제 경험을 예로 들어 설명하고, 그때는 그럴 수밖에 없었던 근본적인 이유들까지 심리학적 접근을 통해 꾸밈없이 옮겨 놓았다. 2장에서는 무기력이란 도대체 무엇이고 코로나19로 인해 경험하지 못한 일상을 포함하여 왜 우리는 무기력한 환경에서 무기력에 찌들어 살아갈 수밖에 없는가에 대해서 심리학과 뇌 과학에서 말하는 이론적인 근거를 들어 설명했다.

3장에서는 어느 누구보다 더 무기력했던 필자가 무기력을 보란 듯이 뛰어넘어 누군가에게 선한 영향력을 행사하고 있는 무기력 해결방법을 자신 있게 소개한다. 4장에서는 자신이 원하는 삶을 살아가고 가족의 행복과 조직의 번영에 이바지하고 싶은 사람들을 위한 무기력 수업 교육과정을 안내했다. 또 나와의 인연을 통해 무기력을 무기력하게 하고 보란 듯이 세상과 직면하고 있는 두 분의 사례를 들어 무기력한 일상에서 헤어 나오지 못하고 있는 사람들에게 희망을 주고자 한다.

끝으로 이 책은 필자의 무기력했던 삶의 경험과 살아온 과정들을 적나라하게 보여주고 있다. 지금까지 살아오면서 주변 사람들과 친한 친구들에게도 말하지 못했던 필자의 치부라고 할 수 있는 과거라 주저 되었지만, 막상 말하고 나니 정말 잘했다는 생각이 든다. 우선 마음이 평온하다. 가볍다. 진작 마음의 무게를 내려놓았더라면 하는 아쉬움이 든다.

무엇보다 이 책을 써 내려갈 수 있는 자원을 주신 그리운 아버지와 일평생 자식들의 행복만을 위해 헌신하신 어머니, 그리고 코로나19로 마음고생이 심했던 아내 최현정 씨에게 진심으로 고마움을 전한다. 끝으로 강사로서 모든 면에서 부족했던 나를 힘들 때마다 아버지처럼 삶의 방향과 통찰을 주시고, 사람을 살려내는 일을 사명으로 여기며 강사로서 밥 먹고 살게 성장시켜주신 사부 이병준 박사님과 박희진 사모님께 두 손 모아 진심으로 감사를 전한다.

2022년 9월 빛고을 광주 무기력연구소에서

너로서 살아가라

존재와 행위 중에

어느 하나를 택할 필요는 없듯이

빠름과 느림 중에

어느 한 가지 속도로만 살아갈 필요는 없습니다.

흙은 부드러워서 좋은 것이고

돌은 딱딱하기에 나쁜 것일 수 없듯이

빠름과 느림도 좋고 나쁨의 관계가 아닙니다.

문제는 빠름이 아니라 조급함이며

느림이 아닌 게으름이기 때문입니다.

게으름에서 벗어나는 것도

진정한 행복을 만나는 것도

그리고 삶에서의 성동도 결국은 하나입니다.

자기로서 살아가는가의 문제입니다.

로저스 쉴러

미리 해 보는 간편한 무기력 테스트

무기력에 대해 이해하기 전에 당신의 무기력 정도를 미리 테스트해보자. 다음은 미국의 저명한 정신과 의사 프랭크 미너스 박사가 설명하는 무기력증의 초기 증세이다. 24개 항목 중 몇 개 정도가 본인에게 해당되는지 체크해보자. 프랭크 미너스는 12개 이상에 해당된다면 무기력증이 침범하고 있다고 했다.

최근 모든 일에 흥미를 잃었고 부정적인 생각만 든다. ( )

퇴근 시간만 기다려진다. ( )

내가 하고 있는 일이 적성에 맞지 않는다는 생각을 자주 한다. ( )

매사에 조바심이 자꾸 생긴다. ( )

직업을 바꾸고 싶은 생각이 부쩍 늘었다. ( )

전보다 두통(요통, 혹은 기타 질환)이 심해졌다. ( )

"누가 나에게 관심이나 있을까?"하는 실의에 자주 빠진다. ( )

최근 술을 많이 먹고 주량도 늘었다. ( )

매일 쌓이는 스트레스 때문에 신경 안정제를 먹고 있다. ( )

예전에 비해 기운이 떨어지고 하루 종일 피곤하기만 하다. ( )

근래 들어 일에 대한 부담이 커졌다. ( )

기억력이 떨어지고 전보다 집중이 잘 안 된다. ( )

밤에 잠을 못 이루거나, 새벽에 자주 깨고 한번 깨면 다시 잠들기 힘든 일이 많다. ( )

식욕이 떨어졌거나 식욕이 지나치게 왕성해졌다. ( )

제대로 한 것이 아무것도 없다고 느껴진다. ( )

일에 대한 의욕이 예전보다 훨씬 못하다. ( )

내가 하는 일의 가치를 느끼지 못한다. ( )

전에는 결정하는 데 망설임이 없었는데 지금은 그러지 못하다. ( )

내가 좋아하고 자신 있게 하던 일이 보잘것없게 느껴진다. ( )

"신경 써서 뭐 해? 나와 상관없는 일인데"라는 말을 자주 한다. ( )

나는 정당한 대우와 관심을 받고 있다고 생각하지 않는다. ( )

나의 문제에서 벗어날 길이 보이지 않아 무능함을 느낀다. ( )

일에 대해 지나치게 이상주의적이라는 말을 자주 듣는다. ( )

내 직업은 장래성이 없다는 생각이 든다. ( )

제 1 장

내 무의식
깊이 박혀있던 무기력

1.
나에게 불가항력(不可抗力)이었던
아버지의 죽음

1982년 초여름이었다. 우리 집은 마을에서 15분 정도 걸으면 올 수 있는 산 중턱에 자리한 제법 큰 기와집이었다. 집을 중심으로 사방은 마당이어서 나와 누나, 남동생이 신나게 뛰어놀기에는 더없이 좋은 놀이터였다. 집 앞 담 밑의 옹달샘은 무더운 여름에는 싱싱한 과일을 저장할 수 있는 냉장고 역할을 했고, 어린 3남매에는 최고의 수영장이 되었다. 집 뒤편으로는 대나무가 빼곡히 들어차 있어서 비바람이 불 때면 대나무 잎이 부딪히는 소리에 스산한 기분이 들 정도로 무서움을 느꼈던 적도 많았다. 비가 온 후 다음 날 아침에는 담장 밑으로 구름이 짙게 깔려 있어 한 폭의 그림 같은 경치를 자주 볼 수 있었다.

집이 산 중턱쯤 자리하고 있어서 봄, 가을이면 주변 자연경관을 벗 삼아 학교 수업을 끝낸 선생님들이 집에 와서 부모님과 담소를 나누며 마루에서 식사도 하고, 한참을 놀고 가기도 했었다. 그 당시 초등학교 3학년이었던 나는 학교 수업을 마치고 집으로 오던 중 머릿속에서 아버지가 '오늘은 좀 기력을 회복해서 나랑 신나게 놀아줬으면 좋겠다.'라는 철없는 생각을 했다. 불과 한 달 전까지만 해도 아버지랑 재미나게 달리기도 하면서 깔깔거리고 목가마도 탈 수 있었는데 시간이 갈수록 그러지 못한 아쉬움이 점점 더 커졌다.

이런저런 생각을 하며 집 앞 입구에 거의 다다르던 순간 나는 온몸이 얼어붙어 버렸다. 집 마당 바닥에 엎드린 채 거친 숨을 내쉬며 아픈 몸을 힘겹게 끌며 기어 나오는 아버지의 처절한 몸부림을 두 눈으로 보고 말았다. 아버지는 자식에게 자신의 가장 무력한 모습을 보여주고 있다는 것을 까맣게 잊고 있는 듯 보였다. 나는 한참 동안 몸을 부르르 떨며 양손을 움켜쥔 채 멍하니 아버지만 쳐다볼 수밖에 없었다. 얼른 뛰어가 아버지를 부축해서 방에 눕히고 싶었지만, 도무지 아무런 말도 행동도 할 수 없을 만큼 무언가에 꽉 묶여 있는 것처럼 한 발짝도 뗄 수가 없었다. 나는 한참을 그렇게 떨며 서 있다 본능적으로 목이 터져라 "엄마! 엄마!"하고 외치며 무언가에 홀린 사람처럼 집 주변을 정신없이 뛰어다니며 엄마를 찾아다녔다.

더욱더 충격이었던 것은 이 모든 상황을 알고 있던 어머니가 집 앞 담벼락 밑에 몸을 숨긴 채 아무 말도 하지 않고 당신의 손만 입에 갖다 대면서 무조건 조용히 하라고 했다. 내가 할 수 있는 거라고는 "엄마! 아빠가 마당에서 기어 다니고 있어! 너무 무서워! 빨리 어떻게 좀 해봐!"라고 소리 지를 수 있는 게 전부였다. 순간 그때의 어머니는 어머니이기 전에 한 여자로서의 삶이 고단하고 힘겨워 현실을 외면하고 싶었던 것처럼 보였다.

한참 후에서야 어머니는 담장 밑에서 마당으로 올라와 아버지를 부축해서 방으로 들어갔고, 나는 마당에 홀로 주저앉아 잠시 공포감과 서러움에 쌓인 감정을 주체하지 못하고 끝내 참았던 울음을 터뜨리고야 말았다. 그 상황을 그저 바라볼 수밖에 없었던 어린 내가 한없이 원망스러웠고, 아버지에게 아무런 도움이 될 수 없는 무기력한 존재임을 처음으로 알게 되었기 때문이다. 살기 위한 아버지의 처절한 몸부림과 그 상황에서 아무런 도움을 줄 수 없었던 무력함이란 이루 말할 수가 없었다.

　다음날 어머니는 택시를 불러 아버지와 함께 해남에 있는 종합병원으로 갔다. 아버지가 해남종합병원에 입원한 후 단 한 번도 병문안을 가보지 못한 것이 한동안 미안하기도 했지만, 솔직히 어린 내 마음속에는 생사를 넘나드는 아버지의 무력한 모습을 보는 것이 더 두렵고 무서웠었다. 자연스럽게 어린 3남매는 부모가 없는 빈자리에 점점 더 익숙해졌고 안정된 환경(Holding environment)을 제공받지 못한 두려움과 불안함으로 매일 매일을 보내야 했다. 그 일이 있던 후로 얼마 지나지 않아 알게 된 사실은 안타깝게도 아버지 몸 안 여러 장기에 이미 암세포가 전이된 상태였다는 것이다.

　아버지가 병원에 가고 난 몇 주 후였다. 학교에서 3교시 수업이 시작되자마자 교실 문을 노크하는 소리와 함께 뒷문이 열리며 "선생님, 아버지가 많이 아파서 지금 동생하고 얼른 가야 해요."라고 울먹이는 누나를 볼 수 있었다. 순간 나는 본능적으로 아버지의 죽음을 직감할 수 있었다. 울고 싶은 마음이 들었지만, 이상하게도 울음이 나오지 않았다. 당시 고등학생이었던 사촌 성군이 형도 아버지의 위독한 소식을 알리기 위해 학교 수업을 하던 도중 교복을 입은 채로 버스를 타고 해남에서 진도까지 한걸음에 달려왔었다. 그때 복도에서 기다리고 있는 형 또한 아무 일도 일어나지 않은 것처럼 애써 슬픔을 억누르고 있는 모습이 역력했다. 형과 누나와 함께 학교 교문 앞을 나서고 있는데 선생님과 같은 반 친구들이 창문 밖으로 손을 흔들며 "명진아! 잘 다녀와."라고 환하게 웃으며 나를 응원해주고 있었다. 정말 고마웠다. 지금도 가끔은 그때 그렇게 나를 위로해주었던 친구들과 선생님의 모습을 생각하면 마음이 정말 따뜻해진다. 아버지의 장례는 해남에 있는 큰 집에서 조용히 치러지고 있었다.

　어머니는 부엌 앞 작은 장례상에 올려진 아버지의 주민등록증 사진을 가리키며 "이제부터 아빠가 보고 싶으면 저 사진을 봐야 한다. 아빠 잘 가시라고 아빠한테 인사해야지."하며 나를 안은 채 한없이 우셨다. 그제야 나는 아버지가 돌아가셨다는 것을 조금은 실감할 수 있었지만 답답한 마음에서인지 전혀 눈물이 나오지 않았다. 나는 그날 이후로 두 번 다시 아버지의 얼굴을 볼 수 없었다. 내가 마지막으로 보았던 아버지 모습은 그 자체만으로도 도무지 받아들일 수 없는 큰 사건이었고, 머지않아 꿈속에서까지 자주 발현되어 내 일상을 서서히 무기력하게 만들었다.

　『몸은 기억한다』의 저자 베셀 반 데어 콜크 박사는 사람이 어떤 충격을 받으면 그 일에 직접적으로 노출된 사람뿐만 아니라 주변 사람에게까지 영향을 미친다고 했다. 특히 어릴 때 갑작스럽게 겪은 충격일수록 자신이 경험한 일을 생각하면 너무 불안해서 아무 일도 일어나지 않은 것처럼 행동하려고 노력하면서 살아가고, 그 불안하고 초조한 감정 자체가 고스란히 마음 한 부분에 남아 있어 그와 유사한 사건이나 상황에 부딪힐 때면 사건이나 상황을 통제하지 못할 정도로 예전 몸에서 기억했던 경험이 자신도 모르게 다시 활성화된다고 했다.

　나처럼 트라우마(Trauma)를 경험한 사람들은 그것을 치료하지 않으면 평생 외상후스트레스장애(Post Trauma Stress Disorder)에 시달린다. 하지만 그런 사건을 겪은 대부분 사람은 자신이 심각한 충격을 받았다고 인식하지 못하면서 살아간다. 정신이 충격을 받았는데 치료하지 않고 방치하면 온전하게 살아가는 것처럼 보여도 건강한 사람으로 기능할 수 없게 된다. 이와 같은 현상을 비유하자면 배의 중심을 잡아주는 닻이 제 역할을 하지 못하는 것과 같다. 한마디로 말하면 사람의 내면에 '영혼의 닻'이 없는 상태라고 할 수 있다. 사람의 마음에 영혼의 닻이 없다면 어떻게 될까? 그것은 엔진이 고장나 움직일 수 없는 자동차처럼 몸만 멀쩡해 보일 뿐 거친 세상을 살아갈 힘(Power)이 턱없이 부족한 것과 다름없다. 삶 자체가 무기력하고 순간순간이 무의미한 삶이다. 사람이 내면의 힘이 없다면 자신보다 힘이 센 대상한테 휘둘릴 수밖에 없다. 정말 무서운 것은 그 힘은 마땅히 건강하게 표현되고, 행사되어야 하는데 정작 본인 스스로는 힘이 있는 대상한테 휘둘리고 있는 것조차도 모르고 살아가게 된다.

사람은 모든 일에 익숙해진다

사람은 모든 일에 익숙해진다
슬픔도
기쁨도
고난도
영광도
혼자 사는 것도
둘이 사는 것도

그리고 사랑도

문제는 그 익숙함이 어디서 오는가에 달려 있다.

어떤 사람은 자기극복을 통해서

익숙함을 얻을 수 있고

어떤 사람은 포기와 절망을 통해서

익숙해질 수 있다.

그러나 게으름이나 타성에 의해서 익숙해지는 것은

위험한 일이다.

레마르크 개선문

2.
달팽이 껍데기 속으로
들어간 아이

아버지의 죽음은 어린 나에게 너무나도 큰 상실이었다. 집에 들어서면 안방에 아버지가 계신 것 같았고 부르면 금세 대답하실 것만 같았다. 안방 문을 열었을 때 아버지가 계시지 않는다는 사실을 확인했지만 작은 방과 마루 그리고 집 주변을 서성였던 그 허탈하고 허전한 느낌은 아직 내 마음속에 그대로 남아 있다. 지금도 그때 생각만 하면 나는 늘 마음이 외롭고 허전하다. 아버지가 계시지 않는다는 사실 만으로도 온 집안이 텅텅 빈 것 같았다. 괜히 무섭기도 했다. 집이 와르르 통째로 무너질 것 같은 느낌이 들기도 했었다. 특히 어둠이 깔리는 시점이면 집에 있는 것조차 무섭기까지 했다. 집에 들어가는 것이 무서워 방문 손잡이를 잡고 한참을 서 있었던 적도 가끔 있었다. 어린아이가 불안하고 무서움을 느낄 때는 울어야 하는데 울 수 없었던 마음의 문제가 살아오면서 한동안 감정을 제대로 표현하지 못하게 만든 이유기도 했다.

아버지의 죽음으로 가장 큰 고생을 하신 분은 어머니였다. 당시 어머니는 아버지의 1년 가까운 투병 생활로 인해 주변에 적잖은 빚을 진 상태였기에 그 빚을 갚기 위해 나와 누나를 돌볼 틈도 없이 남동생만 데리고 고모네 집으로 갔고, 나와 누나는 마을로 내려와 단둘이 단칸방에서 지내야 했다.

어머니와 떨어져 지낸 몇 달은 지금껏 살아온 세월 동안 가장 힘들고, 무섭고 외로운 시기였다. 한참을 마을에서 놀다가 해가 질 때쯤이면 하나둘 집으로 돌아가는 아이들이 정말 부러웠었다. 무엇보다 그들은 집으로 돌아가면 아버지 어머니와 함께 오순도순 행복한 시간을 보낼 수 있고, 어머니가 해준 따뜻한 밥을 먹고 난 후 포근한 이불 속에서 사랑을 받으며 잠이 들 수 있기 때문이었다. 하지만 나는 그러지 못했다. 또래 아이들처럼 아버지와 어머니의 사랑과 관심을 받지 못해서 오는 상실감은 어린 나의 마음속에 거절에 대한 분노와 일상에 대한 학습된 좌절감으로 서서히 자리 잡고 있었다.

생활고에 찌든 어머니는 어린 3남매를 먹여 살리기 위해 막노동부터 품앗이까지 온갖 힘든 일들을 감당해야만 했다. 어린 내 눈에 남의 집 일을 하고 집에 돌아오는 어머니의 모습은 그렇게 힘들고 외로워 보일 수가 없었다. 그래도 천성이 쾌활하신 어머니는 힘들어도 전혀 내색하지 않으셨고, 3남매를 먹여 살리기 위한 고달픈 몸부림은 계속되었다. 하지만 철이 없었던 나는 시간이 갈수록 이런 어머니의 모습과 가난한 환경이 너무 싫었다. 그래서 학교에서나 또래들과 어울릴 때 우리 집이 가난하지 않은 척, 아버지가 돌아가시지 않은 척하면서 아무런 문제가 없는 것처럼 가면을 쓰고 나 자신을 외롭게 고립시켰다. 그러나 사실 나는 그때 지독히 외로웠다. 어느 누군가 의지할 대상이 있으면 참 좋겠다고 생각했다. 아버지 또래 어른들이나 친구들이 자기 아버지와 다정한 시간을 보내고 있는 모습들을 볼 때나 나에게 따뜻하게 말 한마디라도 건네줄 때면 '저런 분이 내 아버지였더라면 얼마나 좋을까? 우리 아버지도 죽지 않고 살아 계셨으면 나를 정말 사랑해 주고 예뻐해 줬을 텐데…'라는 상상을 수없이 했다.

상담학자인 이병준 박사는『우리 부부 어디서 잘못된 걸까?』에서 어린 시절 기본적으로 받아야 할 돌봄을 받지 못해 생긴 증상을 '자폐'라고 했다. 그는 자폐란 '스스로(自) 닫아(閉) 고립되어 있다'라고 말하면서 그 원인을 어린 시절에 방치나 유기로 인해 생겨난 자폐로 부모에게 마땅히 받아야 할 것들을 받지 못해서 생긴 증상이라고 했다. 나 또한 아버지의 갑작스러운 죽음 이후에 어머니로부터 안전하고 따뜻한 환경을 제공받지 못해서 오는 불안과 분노, 상실감으로 주변 또래들과의 사소한 언쟁에도 민감하게 반응하였다. 그렇게 시간이 지날수록 불안한 환경에서 오는 일상은 나 스스로를 무의식적으로 방어하게 했다.

이병준 박사는 스스로 문을 닫음으로 인해 나쁜 자극은 물론 좋은 자극도 받지 못하게 되어 관계적 영양실조 상태가 되기 때문에 다른 사람의 칭찬과 인정을 더 많이 받아야 하는데 그러지도 못할뿐더러, 선한 의도를 가지고 접근하거나 호의를 베풀어도 화를 내거나 더 굳게 문을 잠그는 방식을 사용하니 점점 더 악순환의 고리에 빠지게 된다고 했다. 나는 이 문단을 읽다가 더는 페이지를 넘길 수 없었다. 왜냐하면 나의 어린 시절 모습을 너무나 정확하게 표현해주었을 뿐 아니라 내가 부모로부터 마땅히 받아야 할 것들을 받지 못하고 성장한 것 자체가 결핍이라는 것을 알았고, 지금까지 지나온 세월을 되돌아보며 '그때 내가 그래서 그랬었구나…'라고 다시 한번 깨달을 수 있었기 때문이다. 이때 나는 비로소 내가 문제가 있는 사람이라는 것을 깨닫게 되었고, 순간 온몸에 소름이 돋았다. 그냥 아메바와 같은 단세포 생물처럼 몸만 번듯하게 성장해서 숨만 쉴 수 있는 존재인 것 같았고, 왜 그렇게 살아올 수밖에 없었는지 반문이 들 정도로 깊은 좌절감이 느껴졌다.

또한, 사람과 사람 사이의 교류에 관련해 연구했던 에릭 번(Eric. Burne)은 사람의 마음속에는 본능적으로 타인으로부터 관심과 사랑 그리고 인정받고 싶은 욕구가 있다고 말했다. 그는 이것을 존재인지자극(스트로크, Stroke)이라고 했다. 한마디로 자신도 대접하고 타인도 대접할 수 있는 능력이라고 할 수 있는데 안타깝게도 대한민국 대부분 사람 또한 스트로크의 결핍에 걸려있다. 그런데 에누리(Discount)는 스트로크의 반대말로 스스로를 대접하지 못하고 깎아내리는 것을 말한다. 에누리를 많이 하는 사람일수록 주변에서 아무리 좋은 스트로크를 줘도 그것을 좋은 자극으로 받지 못하며 자신도 모르게 마음이 더 가난하게 된다. 그래서 자폐는 더더욱 '존재인지자극'이 부족해서 생기는 것으로 평소 사랑과 관심을 받고 자란 사람은 사랑을 받을 수 있는 능력이 갖춰진 셈이기에 더 큰 사랑이 와도 당연하게 생각하게 되고, 그렇지 않은 사람의 마음속에서는 사랑받기를 원하는데 진정 사랑과 인정을 받을 수 있는 상황에서도 스스로 외면하거나 회피하게 되는 악순환이 반복되고 만다. 이처럼 빈익빈 부익부라는 경제용어가 마음에도 적용되는 셈이다.

인생에 정면으로 맞서다 보면

인생에 정면으로 맞서다 보면
누군가 시련이라는 강펀치를 얻어맞게 되어 있습니다.
아무리 근성이 있는 사람이라도
맨 처음 맞는 한 대는

정말 아프게 느껴지는 법입니다.

하지만 두 대째부터는 별로 아프지 않습니다.

처음 한 대를 맞은 곳이 마비되었기 때문입니다.

사람들은 한 대만 맞으면 그 아픔이

언제까지나 계속될 거라고 생각하기 때문에

무서워서 다가서지 못합니다.

하지만 아프게 느껴지는 것은

처음에 맞는 한 대뿐입니다.

인생에 정면으로 맞서며 살아가는 사람은

처음의 한 대를 일찌감치 경험한 사람입니다.

작자 미상

3.
나는 괜찮지 않은데도
괜찮은 줄 알았다

시골에서는 겨울이면 농사를 짓지 않기에 대부분 가정은 일몰 전에 저녁을 일찍 먹는다. 우리 집 또한 저녁을 일찍 챙겨 먹고 난 후에 아버지와 어머니는 어린 3남매의 손을 잡고 마을에서 가장 연장자인 할아버지 댁으로 밤마다 놀러 갔었다. 할아버지 댁 대문에 들어서기 전에 아버지는 항상 나에게 "명진아, 어른들이 많이 계시는 자리에서는 절대 시끄럽게 떠들지 말고, 조용히 점잖게 놀아야 한다"라고 말씀하셨다. 한창 이야기꽃을 피우시던 어른 중한 분이 나에게 "아이구~ 명진이 저놈 누나랑 동생이랑 아주 사이좋게 점잖게 잘 노네. 똑똑하게도 생겼고!"라고 몇 마디를 툭 던지신다. 나는 어른들의 그 말들이 정말 듣기 좋아서 더 조용하고 점잖게 놀았었다.

어른이 되어 철이 들고 나서 알게 되었지만 '점잖아라'의 말은 '젊지 않다'에서 파생된 말이었다. 어린아이라면 남의 눈치 보지 않고 시끌벅적하고 천진난만하게 놀아야 하는데 어린아이가 어른들의 칭찬을 듣는 것이 좋아서 최대한 조용히 점잖게 놀게 된 것이다. 그때부터 어린 나는 주변 사람들로부터 관심받기 위해서 어른처럼 체면을 차리기 시작했고, 그 체면은 아버지의 죽음을 계기로 내 몸과 마음을 너무나도 일찍 어른으로 만들어버렸다. 사람이 너무 일찍 어른이 되면 어른으로서 해야 할 일들은 정말 잘 할 수 있게 된다.

하지만 사람이 어른이 되기 이전에 경험해야 할 것들을 제대로 경험하지 못하게 되면 그 부분은 펑크가 나게 된다. 특히 계절이 바뀌는 시점이나 살면서 순간순간 공허함을 자주 느끼는 사람이라면 스스로 너무 일찍 어른 된 사람(Adult child)임을 알아야 한다. 그 일찍 어른 됨을 스스로 깨달아야 하는데 대부분 사람은 생존을 위해 살아가기에 바빠 행복에 필요한 영양소인 어린아이와 같은 '천진성'을 잃고 살아간다. 그래서 행복한 어른은 천진성이 많은 사람(Free child)이다. 반대로 행복하지 못한 어른은 천진성이 부족한 사람임이 틀림없다. 그래서 심리학에서는 행복을 말할 때 행복은 '천진성에 있다. 또는 어린이 자아 속에 있다'라고 한다. 급변하는 4차산업혁명시대를 살아가는 어른이 일과 생활의 균형을 위해 첫 번째 해야 할 작업은 바로 '어린아이와 같은 잃어버린 천진성을 회복하는 일'이다. 그래야 긴급한 일의 횡포에 시달리지 않고, 현재를 조금 더 기분 좋고, 행복하게 살아갈 수 있다.

초등학교와 중학교, 고등학교를 졸업하고 특히 20대를 직업군인으로 복무하는 동안 자연스럽게 완벽주의 성향을 갖게 된 나는 의무(Must) 의식이 너무 강해서 맡은 임무를 성실하게 잘 수행하기도 했지만 성장하면서 경험해야 할 것들을 경험하지 못한 것들과 채워져야 할 것들이 채워지지 못해서 오는 결핍들로 인해 더욱더 마음이 공허하고 무기력해졌다. 그럴수록 나의 외면은 활력 가면을 쓰는 일이 점점 더 많아졌다. 그러한 심리적인 배고픔들을 해소하기 위해 자의든 타의든 동료들과 술을 마시는 시간이 점점 더 많아졌고, 술이 덜 깬 상태로 출근하는 일도 잦아 업무를 수행하기 어려웠던 적도 있었다. 지금 와서 생각해 보면 나는 술 마시는 것을 좋아해서 술을 마셨던 것이 아니었다. 원래 한 잔만 마셔도 얼굴이 빨갛게 달아오를 정도로 술이 센 편도 아니고, 아버지 막냇동생의 술주정으로 인해 집안의 가족과 사촌들까지 술이라면 이골이 날 정도로 술에 대한 거부감이 컸다. 그것은 단 하나, 내 마음 깊은 곳에 사람에 대한 그리움과 사랑에 대한 배고픔이 남아 있었기 때문이었다.

상담심리학자 이병준 박사는 『우리 부부 어디서 잘못된 걸까?』에서 어린 시절을 충분히 누리지 못한 사람들은 사람과 관계하는 일이 힘들다고 했다. 누리지 못한 것이라 함은 안정된 환경에서 오는 심리적 만족감이다. 사람이 사람과의 관계가 어려우면 사물과 놀려고 하는데 그것이 중독을 불러온다. 특히 혼자 있는 것을 좋아하고 그것이 오히려 편하다고 얘기하는 사람일수록 스스로 고립되어 있다는 것을 알지 못한다. 따라서 사람들과의 관계 속으로 들어오지 못하거나 잘 놀지 못하는 사람일수록 쉽게 중독되고, 헤어나지 못하는 반면, 사람과 어울리기 좋아하는 외향성의 사람들은 상대적으로 중독에 덜 빠지고, 빠지더라도 빨리 빠져나오게 된다고 말한다. 그는 중독을 상호의사소통이 아니라 일방적인 의사소통이며, 사람과의 교류가 아니라 사물과의 교류이기 때문에 더 문제가 되고 중독을 치료하기 위해서는 중독 증상을 치료하는 동시에 다른 사람과 교류하는 양을 늘려줘야 한다고 했다.

무엇보다 군대라는 상명하복의 수직적인 계급체계와 꽉 짜여 있는 환경들은 나의 생각과 감정, 표현들을 더 억압(Reression)하게 만들었고, 성숙하지 못한 나의 내면은 그 환경에 적응(Adaptation)하고 매사 살기 위해 몸부림쳤다. 특히 입대 전 성인으로 성장하는 동안 상실로 인해 펑크 난 영역들은 군 전역 이후 본격적인 사회생활을 시작하면서 병리적인 증상으로 드러날 수밖에 없었다. 무엇보다 사람과 사람 사이의 관계에서는 미숙하기 짝이 없었다. 쉽게 말해 몸만 어른이었고 말하고 행동하고 표현하는 수준은 어린아이인 심리적 미숙아였다고 할 수 있다. 이와 같은 증상은 안전한 환경(Holding environment)을 제공받지 못했던 결과물이었다.

또한, 이병준 박사는 그의 저서 『가족의 재탄생』에서 여성심리학자 마가 렛말러(Margaret Mahler,1897-1985)의 엄마와 유아의 관계를 연구한 '대상관계이론'에서 '심리적 탄생'의 중요성을 언급했다. 그녀는 육체적 성장을 '발육(Growth)', 심리적 성장을 '발달(Development)'이라고 설명하면서 아기는 부모에게 '절대 의존'하는 상태로 성장하면서 점차 의존에서 벗어나 결국엔 완전하게 분리되어야 한다고 주장한다. 말러는 이것을 '부화'라고 설명했다. 종교적 용어로는 '재탄생(Re-born)'을 말한다. 닭이 알을 일정 기간 품고 난 뒤에 병아리가 탄생하는 것처럼 엄마라는 안전한 환경이 일정 기간 제공되어야 한다고 주장한다. '부화'의 상대개념은 '고착(Fixation)'으로, 심리적 발달이 일어나지 않고 그 단계에 머물러 있으면서 육체적 발육만 계속되는 것을 말한다. 아무리 나이가 많더라도 '부화'를 거치지 않은 사람은 영원히 심리적 미숙아로 머물 수밖에 없다. 이런 사람은 배려와 베풂에서만큼은 이기주의자가 되어 배려는커녕 좋은 마음으로 다가오는 사람도 (칼로) '베려'한다.

아이와 엄마의 애착 관계를 연구했던 여성심리학자 메리 에인스워스(Mary D. Salter Ainsworth) 또한 미숙아가 아닌 '안정형 애정결속형'아이는 1%에 불과하다고 했다. 미숙아가 태어나면 반드시 모태와 동일한 환경인 인큐베이터로 보낸다. 인큐베이터에서 일정 기간을 거치고 나야 비로소 미숙아라는 딱지를 떼고 엄마 품에 돌아올 수 있다. 그때 엄마는 아기를 마음껏 품에 안고 젖을 물릴 수 있다. 심리적 미숙아도 마찬가지다. 심리전문가, 상담전문가가 있는 전문치료센터에서 일정 기간 인큐베이팅을 받아야 한다. 그 작업이 있어야 미숙아들이 관계를 회복할 수 있다. 그렇지 않으면 관계 회복은 실패로 끝난다.

대부분 사람은 자신이 심리적 미숙아인 줄 모르고 살아간다. 그렇다면 심리적 미숙아인지 아닌지 어떻게 알까? 이병준 박사의 『가족의 재탄생』에서 말하는 다음 몇 가지에 해당하면 틀림없는 심리적 미숙아다.

∥ 늘 내가 누구인지 묻고 정말 하고 싶은 일을 모른다.

∥ 꿈과 희망에 대해서 그저 막연하다.

∥ 그저 주어진 대로 하루하루를 살아간다.

∥ 기본적인 의식주만 제공되면 사는 데 아무런 불편이 없다, 아니면 늘 분노에 차 있다.

∥ 대상이 누구든 상관없이 화를 내고, 비겁한 사람은 만만한 대상에게만 화를 내며 폭력과 폭언까지 휘두른다.

∥ 내가 결혼하려는 목적은 오로지 나의 육체적 필요, 감정적인 필요를 충족하려는 데 있다.

∥ 배우자는 내 모든 것을 채워주는 완벽한 필요충분조건이다.

그 외 어른의 큰 기준은 책임지는 능력에 있다. 무책임한 사람은 미숙아? 라고 단정 지어도 좋을 만큼 반드시 문제를 해결해야 한다. 무엇보다 어른이란 행동에 대해서 책임지는 존재인데 특히 사람됨의 출발점이라고 할 수 있는 가정에서 가족 문제의 대부분 원인은 '책임 회피'때문에 발생한다. 특히 게슈탈트 심리치료를 창안한 독일의 정신과 의사 프리츠 펄스(Fritz Perls)는 사람들에게 '책임지기'라는 심리치료 기법을 시행해서 '나는 거기에 대해서 책임집니다.'라는 말을 통해 치료자뿐 아니라 내담자와 가족들도 자신과 타인의 생각과 말을 조금 더 분명하게 인식하는 자각 능력이 높아진다.

또 성숙한 사람은 자신의 마음까지도 객관화해 볼 줄 알고 '문제'를 '문제'로 정확하게 인식한다. 그러나 '심리적 미숙아'일수록 사건과 사람을 구분하는 능력과 생각과 느낌을 구분하는 능력이 부족하다. 이것을 에릭 번(Eric Berne)은 '어른 자아의 상실'이라고 했다. 현재를 살아가는 대부분 어른은 존경받을 그 무엇도 보여주지 않으면서 나이만으로 어른 행세를 하고, 요구사항만 늘어놓는 '건강한 어른 자아'가 없는 철없는 어른들이 너무 많다. 그들은 문제 자체를 회피해 '위장된 평화'를 만들기도 하고, 아랫사람이 요구에 부응하지 못할 때는 협상이나 타협 대신 억지를 부리거나 성질을 내거나 교묘하게 조정하려 든다.

이처럼 오늘날 대부분 어른은 생물학적으로 몸집만 커져서 건강하게 기능을 할 수 없는 생물학적 고등동물이라 할 수 있다. 위에서 언급했듯이 사람이 육체적으로 몸이 클 때 반드시 커 줘야 할 것은 말과 행동, 그리고 표현하고 책임을 질 수 있는 능력이다. 즉 육체적 성장인 '발육'과 정신적 심리적 성장인 '발달'이 균형을 갖춘 사람들이 가족과 조직에는 많아야 한다. 그런 사람들이 건강한 어른으로 성장해서 결혼 적령기에 접어들고 결혼을 해야 가장으로의 역할과 책임에 최선을 다할 수 있게 된다.

사는 연습

걱정 없는 인생을 바라지 말고
걱정에 물들지 않는 연습을 해라

알랭

4.
끝까지 보고 싶지 않았던
내 내면의 지하창고

아버지의 죽음 이후 성장하면서 나는 남들이 나를 보는 시선에 더욱 민감해졌다. 특히 학교에서는 매 학기 초 생활기록부에 들어갈 가정환경 조사를 했는데 집에 있는 TV나 냉장고뿐 아니라 부모님들의 학력 수준이 어느 정도인지까지 확인을 하는 게 연례행사였다. 그런데 가장 불편했던 것 중 하나는 부모님이 돌아가셔서 편부, 편모인 학생들을 손을 들어 답변하게 하는 것이었다. 나도 다른 친구들처럼 아버지가 살아 계셨다면 그 누구도 의식하지 않고 자신 있게 손을 들었을 텐데 사춘기였던 나는 그때마다 무언가 창피하고 어색하고 불편한 감정들로 인해 교실 밖으로 뛰쳐나가고 싶은 심정이었다. 무엇보다 그렇게 손을 들어 답변하게 하는 선생님이 죽을 만큼 미웠었고, 그럴 때마다 나의 내면은 '선생님 가정환경에 대한 조사는 대충 하고 제발 빨리 끝내면 안 되나요? 도대체 그런 것을 왜 하는 거예요?'라고 소리치고 있었다.

이처럼 사람마다 무엇인가 답답한 마음에서 헤어 나오지 못할 때가 있다. 그것은 바로 평소 스스로 의식하지 못했던 마음 깊은 곳에 자리하고 있는 무의식이 활성화되기 때문이다. 정신분석심리학(Psychoanalysis psychology)은 사람의 마음을 연구하는 학문이다. 그 마음들은 스스로 알아차릴 수 있는 의식(Concious)과 알아차릴 수 없는 무의식 또는 비의식(Unconcious)으로 구분한다. 마치 바다 위에 떠 있는 빙산에 비유할 수 있다. 의식은 말 그대로 빙산의 보이는 영역, 살면서 내가 알아차릴 수 있고, 그로 인해 적절하게 행동하게 되는 영역을 말한다. 무의식 또는 비의식은 바다의 수면 아래에 가라앉아 있어서 보이지 않는 빙산, 즉 내가 모르고 있는 영역을 말한다. 하지만 어떤 상황이 되면 이 무의식은 무심코 얼굴을 내밀어 사람을 무참히 지배한다. 나에게 있어서의 무의식은 편모슬하에서 자라고 있는 떳떳하지 못한 불편함으로 이것을 친구들이나 주변 사람들이 알아챌까 신경 쓰면서 항상 숨기고 싶은 마음이었다. 이런 무의식은 성장하는 내내 행동 하나하나 옴짝달싹 못 하게 붙잡고 있어 스스로를 깨닫는 작업에 큰 노력과 대가를 지불하게 했다.

또한, 정신분석심리학에서는 사람이 살아가면서 필요한 순간 감정을 표현하지 못하고 마음속에 쌓아 두는 것을 억압(Repression)이라고 한다. 그런데 억압된 마음은 컴퓨터 용량처럼 감정을 수용할 수 있는 공간이 사람마다 정해져 있어서 억압이 더해지면 더해질수록 용량은 꽉 들어차 넘치게 된다. 그리하면 몸이 병들거나 마음이 병들게 되고, 둘 중 하나는 증상(Symptoms)으로 드러나는데 이것을 우울증(Depression)이라 한다. 사람이 우울증에 걸리면 사람과 세상을 대하는 태도가 능동적이지 못하고 수동적이다. 그래서 우울증은 혼자만 증상으로 느낄 수 있는 '마음속의 감기'라고 할 수 있다. 주변에 있는 사람들 또한 알게 모르게 그 감기에 전염되어 가는데 그런 사람일수록 우울과 무기력의 악순환에 지배당하기 이전에 스스로 감정을 건강하게 표현(Expression)할 수 있어야 한다. 특히 우울하고 무기력한 사람들은 자신의 기억 속에 있는 것 중에서 좋지 않은 것을 표현하면 할수록 그 자리는 좋은 것으로 다시 들어차게 되고, 좋은 것을 표현하면 할수록 더 좋은 쪽으로 선명하게 각인되는 역설을 이해하지 못한다. 이 마음의 역설을 이해하면 자신과 타인에게 더 좋은 인상(Impression)을 줄 수 있고, 한 사람으로서 더 많은 매력을 발산할 수 있게 되는데도 말이다.

국제정신분석가 이무석 박사 또한 그의 저서 『마음』에서 사람의 현실을 눈에 보이는 객관적 현실(Actual reality)과 눈에 보이지 않는 심리적 현실(Psychological reality)을 강조했다. 전자는 남이 나를 보는 객관적이고 합리적인 현실이고, 후자는 내가 나를 보고 느끼며 판단하는 심리적이고 주관적인 현실이다. 특히 심리적인 미숙아일수록 자신이 평가하는 심리적 현실에 갇혀 있어 건강하고 합리적인 객관적 현실을 인식하지 못한다.

내가 느꼈던 심리적인 현실은 아버지가 죽고 없어 매사가 외롭고 활력이 없는 무기력한 아이였다. 그래서 사람과 소통하고 관계하는 것이 너무나도 불편했고 어색했던 일들이 많았다. 그런데 또래 친구들이나 주변에서 나를 보는 객관적인 현실은 항상 밝고 자신감 넘치는 똑똑한 아이였다. 안타깝게도 스스로 이 두 개의 현실을 삭막하게 구분 지어 놓고 있었던 것을 알 수 있었다. 이런 습관으로 인해 시간이 지날수록 어떤 사건이나 상황에 놓일 때면 그것을 좋은 쪽으로 해석하지 못하고 무의식적으로 좋지 않은 쪽으로 해석하는 일 또한 점점 더 많아졌다. 한 마디로 사람과 세상에 대한 정보가 이성이라는 필터를 통해 점점 더 왜곡되었고, 그런 답답함에 힘겨워했던 적도 많았다.

사람이 무엇인가 어색하고 불편하다면 그것이 내 마음임을 깨달아야 한다. 또 누군가의 행동과 말투 표현 하나하나가 괜히 못마땅하거나 다른 사람과 함께 있을 때는 괜찮은데 유독 그 사람과 함께 있을 때 더 불편하다면 그것은 분명 내 마음의 문제라고 여겨야 한다. 지금 생각해 보면 '나 또한 그때는 그럴 수밖에 없었구나'라는 생각을 수도 없이 하지만 아직도 그때의 불편함과 창피했던 감정은 고스란히 내 몸과 마음이 기억하고 있다. 하지만 다행스럽게도 예전의 그 어색하고 불편했던 감정들을 이제는 하나하나 더 꼼꼼하게 들여다볼 수 있게 되었다. 더불어 현재를 살아가는 나에게 하루하루 최선을 다할 수 있게 되었고, 한층 더 깊고 건강한 마음을 표현하도록 해주는 자원이 되었다.

거부당하는 것에 대한 두려움

당신은 거부당하는 것을 경험하려 하지 않는다.
그래서 거부에 대한 두려움은
마음속에서 점점 더 커져가고
당신은 더욱더 피하려 한다.

자신에게 거부를 경험하도록 허용하면
거부에 대한 두려움은
점점 작아져서 마침내 깜빡거리게 된다.
이 깜박임은 계속될 것이다.

그것은 섬세함의 성질이기 때문이다.

두려움은 깜박임으로 남아 있지만

설령 거부당하더라도

당신이 느끼는 것은 그것이 전부일 것이다.

꺼질 듯이 깜박거리는 희미한 불빛

이 정도는 당신에게서 문제되지 않을 것이다.

문제는 거부당하는 경험을 회피하려는

당신의 모든 행위에서 발생한다.

당신은 그 과정에서 삶에 무감각해진다.

레너드 제이콥슨

5.
나는 지금까지
무기력의 노예로 살았다

　　오리건 주립대학 대학원생 히로토는 동물 대신에 사람에게 혐오스러운 소음을 들려준 후 학습된 무기력 실험을 진행했다. 첫 번째 집단은 계기판의 단추를 눌러도 소음이 멈추지 않게 통제했고, 두 번째 집단의 경우에는 단추를 누르면 소음을 끌 수 있도록 했다. 실험 결과 소음을 직접 끌 수 없는 첫 번째 집단만이 무기력을 학습한다는 사실이 확인되었다. 두 번째 단계 실험은 이동 상자 안에 사람들을 들어가도록 하고 난 후 한쪽 면에 손을 대면 소음이 들리고 다른 쪽 면에 손을 대면 소음이 나지 않도록 설계했다. 이 실험에서 히로토는 처음 피할 수 없는 소음을 들었던 사람들은 아예 소음을 끄려는 시도조차 하지 않고 주저앉아 버린다는 것을 확인했다. 마틴 셀리그만 또한 사소한 소음을 통제하지 못하고 무기력을 학습하게 되는 것이 우리가 세상을 살아갈 때 크고 작은 충격을 받은 후 무기력을 학습할 수 있을 거라고 전하고 있다.

　　박경숙의 『문제는 무기력이다』에서 히로토와 셀리그만은 실험 결과를 이렇게 요약했다. "학습된 무기력은 반응이 결과를 통제할 수 없다는 인지 양식에서 비롯된다. 이렇게 반응과 결과 사이에 관련이 없다는 비수반성 인지가 형성되면 유기체의 행동은 느려지고 능력과 희망이 없다고 느끼게 된다.

그리하여 그들은 미래가 불투명하다고 생각해 욕구의 충족이나 고통에서 벗어나려는 통제 능력을 상실한다." 결국, 사람이 무기력을 배우게 되는 것은 자극 자체가 아니라 그 자극을 스스로 통제할 수 없다는 생각 때문이다.『몸은 기억한다』의 저자 베셀 반 데어 콜크 박사도 전기충격을 피할 수 없었던 개들과 같이 과거의 사건에 충격을 받은 사람들은 어떤 기회가 주어져도 쉽게 포기해버리는 경우가 많다고 했다.

　나 또한 아버지의 죽음 이후 어머니와 떨어져 누나와 단둘이 살게 되면서 학습된 무기력(Learned Helplessness)을 경험했었다. 어린 시절 경험한 무기력은 성인이 되어서도 만성적인 무기력이란 탈을 쓴 채 지금도 아주 가끔 나를 통제하고 있는 것을 알 수 있다. 아버지의 병원비 때문에 많은 빚을 지게 된 어머니는 그 빚을 갚고 나와 누나를 데려와 같이 살 수 있는 집을 마련하기 위해 식육 식당을 운영하는 고모네 집으로 가서 가사를 도맡아야 했다. 그때가 초등학교 3학년이었다. 자연스럽게 어린 나와 누나는 단둘이 지내면서 어머니가 없는 빈자리의 서러움을 고스란히 느끼고 어머니를 기다리며 하루하루 눈물로 보내야만 했다. 그때는 어머니가 고모네 집에 있다는 것 외에는 어머니와 연락을 취할 방법이 전혀 없어 어머니가 나와 누나를 버렸다고 생각할 수밖에 없었다. 한마디로 나와 누나는 방치된 것이나 다름없는 정서적인 학대를 받고 있었다. 무엇보다 기본적인 의식주에 관한 욕구가 채워지지 않아 더 큰 상실을 안고 하루하루를 버텨 낼 수밖에 없었던 것이 아버지의 죽음보다 더 큰 시련이었고 고통이었다.

　하루는 너무 배가 고파서 집에 있는 콩나물을 삶지 않고 고춧가루만 뿌려서 무치고 있는데, 학교를 파하고 집에 막 도착한 누나는 내 모습을 보면서 "명진아, 콩나물은 삶아서 무쳐서 먹어야 해… 그렇게 하면 비려서 못 먹지 바보야!"라고 했다. 누나가 말하는 소리를 듣고 나는 "도대체 엄마는 언제 오는 거야! 정말 짜증 나! 지긋지긋해!"하고 울먹이며 누나에게 화를 냈다. 그 순간 나 자신이 한없이 불쌍했고, 마땅히 받아야 하는 보살핌을 받지 못함에 엄마가 너무도 원망스러웠다. 지금도 그때 생각만 하면 마음이 아릿하고 서러움이 느껴진다.

학교 수업을 마치고 해가 질 무렵이면 어머니가 집에 와서 맛있는 밥을 해줄 것만 같은 생각을 수도 없이 했다. 아니 오늘은 꼭 어머니가 집에 와서 맛있는 밥을 해놓고 기다리고 있을 것만 같았다. 다음날이 되어도 또 그다음 날이 되어도 어머니는 오지 않았고, 그 기다림에 대한 기대와 실망은 고스란히 나의 마음 한구석에 좌절과 거절에 대한 분노로 자리 잡았다. 매일같이 어머니를 기다리는 것에 나와 누나는 서서히 익숙해졌고 그 익숙함은 나도 모르는 사이 학습되어 나의 생각과 감정, 행동을 무기력하게 지배했다. 설령 애타게 기다렸던 어머니가 집에 오더라도 "어머니가 이제는 필요 없다."라고 말하고 싶을 정도였다. 마침내 아버지와 어머니가 없는 빈자리는 어린 내가 감당할 수 없을 만큼 학습되어 '어머니가 오늘은 꼭 집에 올 거야.'라는 막연한 기대마저도 포기하게 했다.

절실함이 큰 사람을 만든다.

외로운 신하와 서자로 태어난 사람은
그들의 마음가짐이 절실할 수밖에 없다.

그 어려움을 극복하려는 생각이

다른 사람보다 깊을 수밖에 없다.

그런 사람은

남보다 큰 사람이 될 수밖에 없다.

맹자

6.
나는 참기만 하면 되는 줄 알았다

아버지의 죽음 이후 누나와 나는 몇 개월이 지난 후에야 어머니와 남동생과 함께 살 수 있게 되었다. 더는 누나랑 둘이서 밥을 지어 먹지 않아도 되고, 학교에서도 점심을 거르지 않았다. 학교 수업을 마치고 집에 오면 어머니가 해주신 따뜻한 밥을 먹을 수 있게 되었고, 잠자리에 들기 전에는 포근한 이불을 매트 삼아 신나게 뛰어놀면서 동생과 함께 레슬링 같은 장난을 치는 것도 가능해졌다. 무엇보다 어머니의 따뜻한 품에서 어리광을 피우며 잠들 수 있는 것이 가장 큰 행복이었다. 하지만 현실은 생각과는 다르게 너무도 가혹했다. 어머니는 철없는 어린 3남매를 먹여 살리기 위해 이른 새벽부터 일어나 돈이 되는 일이라면 무슨 일이라도 하셨다. 시골 오일장이 서는 장터 바로 옆이 집이어서 어머니는 장이 서는 날이면 갖가지 종류의 생선을 팔았고, 겨울에는 상인들의 추운 몸을 녹여줄 수 있는 따끈한 시래기 된장국에 소주 장사도 병행하셨다. 명절 대목이면 생선을 포함해서 햇과일들까지 과일이란 과일은 죄다 파셨다.

어떤 날에는 장이 서기 하루 전쯤 밀가루 반죽을 해서 따뜻한 아랫목에 숙성을 시켜 놓고, 다음날 장터에서 목이 좋은 자리를 잡기 위해 누구보다 더 일찍 일어나서서 호떡 장사를 시작하셨다. 하지만 나는 그런 어머니의 모습이 정말로 창피하고 부끄러웠다. 때로는 어머니의 모습이 불쌍하고 가여워 보일 때도 있었지만, 너무나도 미워 보일 때가 더 많았다. 학교를 마치고 친구들과 집에 오는 길에 행여 친구들이 어머니가 생선이며 호떡을 파는 모습을 볼까 노심초사했던 적도 많았다.

어머니의 장사하는 모습이 왜 그렇게 나에게는 창피하고 부끄러울 수밖에 없었을까? 어머니는 3남매를 먹여 살리기 위해 몸부림치시는데 그런 모습들을 나는 왜 자꾸만 숨기고 싶었던 것일까? 분명 내 마음속에는 장사하는 어머니의 잔심부름이라도 하고 싶은 마음이 있었는데 그렇게 하지 못했던 이유가 과연 무엇이었을까? 정말 불행하게도 그런 감정의 패턴은 나도 모르는 사이 어린 내 마음속을 분노로 가득 들어차게 했고, 그 분노는 자연스럽게 하나밖에 없는 동생에게 고스란히 표현되었다. 형으로서 마땅히 동생을 감싸주고 보살펴야 했는데 힘이 없는 동생을 공부를 가르친다는 명목으로 머리를 쥐어박고 문제를 풀어 틀리거나 질문을 해서 답변을 못 하면 눈물이 쏙 빠질 만큼 벌도 많이 주었다. 그런 모진 행동을 하고 난 후에야 나는 항상 동생에게 몹쓸 짓을 했다는 죄책감에 시달려야만 했다. 하지만 그 죄책감은 이내 다시 동생에게 분노로 표현되는 악순환이 성인이 되기 전까지 계속될 수밖에 없었다.

강사라는 직업을 선택하고 난 후 사부님의 코칭을 받으면서 나는 내가 동생에게 했던 그 분노의 근원을 알 수 있었다. 그것은 바로 뼈만 앙상하게 남은 채 마당을 기어 나오며 살겠다고 애쓰시던 아버지의 죽음 직전 모습에 아무런 도움을 주지 못한 힘없고 무기력한 어린 내 모습에 안타까워하고 분노하고 있는 모습이었다. 학교 수업을 마치고 아버지와 놀고 싶은 마음에 신이

나 있는 모습과 아버지의 그 처참한 모습 이면에 공포감에 사로잡혀 소리치지 못하고 얼어붙어 버린 모습이었다. 그 분노의 원흉을 알고 나니 다시 한 번 나 자신에게 진저리날 정도로 소름이 끼쳤다. 또 누나와 내가 둘이서만 외롭게 살면서 어머니의 따뜻한 보살핌을 적절하게 받지 못해서 오는 상실감으로 인한 상처가 분노로 남아 있다가 어머니와 함께 살면서 그 분노는 힘이 없는 대상, 즉 동생에게 투사(Projection) 되었다는 것도 알게 되었다.

국제정신분석가 이무석 박사의 『정신분석으로의 초대』에서 사람은 유아기와 아동기에 어떤 대상에게 의존하는 기간이 가장 길고 그 의존은 지극히 본능적인 것이라고 했다. 이 말을 조금 더 쉽게 풀어보면 아이 스스로 경험한 환경이 만족스럽지 못하면 마음 안에서는 불안이 생기게 되고, 아이는 그 불안으로부터 자신을 보호하면서 내면의 욕구를 충족시키기 위해 본능적으로 살아내려는 방법을 습득하게 된다. 이처럼 사람이 불완전한 존재이기에 나름 스스로 마음의 평정심을 되찾으면서 살아가려고 하는 방식을 방어기제(Defense mechanism)라고 한다. 한 마디로 스스로 마음을 조금 더 편안하게 하면서 살아가는 생존법이다. 그런데 이 방어기제가 건강하지 못하게 작용하면 오히려 사람을 불행하게 할 수 있다. 그렇다면 방어기제에는 어떤 것들이 있는지 조금 더 알아보자.

첫 번째 억압(Repression)이다. 이것은 앞에서 언급했던 심리적인 불안에 대한 1차적인 방어기제다. 억압은 현실에서 감당하기 힘든 사건이나 상황들을 무의식으로 눌러 생각하고 싶지 않은 것을 말한다. 특히 수치심, 죄책감, 모욕감 등과 같은 감정들은 사람의 마음속에서 불안과 고통을 유발하기에 더 억압하게 된다는 것을 알 수 있다. 억압이 많으면 많을수록 억눌린 생각들이 풀려나오지 못하기 때문에 편견과 선입견에 사로잡히게 된다. 사람에게는 억압 자체가 불편한 상황이기에 이 불편을 편리로 바꿔주는 작업이 바로 정신분석이다. 필자가 가장 많이 썼던 방어기제라고 할 수 있다.

두 번째 억제(Suppression)다. 예를 들면 시험을 망친 사람이 그 결과를 잊어버리기 위해 사용하는 식이다. 말 그대로 감정을 일시적으로나마 편안하게 하려고 하는 방어기제다.

세 번째는 반동형성(Reaction formation)이다. 한 마디로 미운 놈 떡 하나 더 준다는 식이다. 마음속에는 시어머니가 죽도록 미운데 오히려 지나칠 정도로 더 잘하는 경우이다.

네 번째는 동일시(Identification)다. 스스로 존경하는 대상이 있다면 그 대상의 모습과 말투나 행동들을 비슷하게 닮고 싶어하는 방어기제다. 그 예로 자녀가 부모를 존경의 대상으로 여긴다거나 드라마 속에 나오는 인물들을 자기처럼 여기는 것이다.

다섯 번째는 투사(Projection)다. 가장 미성숙하고 병적인 것으로 스스로의 잘못된 행동으로 인한 결과를 남의 탓으로 돌리는 방어기제다. 심리적인 미숙아일수록 투사를 많이 사용하게 되고, 이것은 책임을 지지 않으려고 하는 결과도 낳는다. 우리 주변에 이런 미숙한 방어기제를 사용하는 어른들이 많다는 것을 알 수 있다.

여섯 번째는 자기에게로의 전향(Turning against self)이다. 감정 자체를 다른 데 표현하지 못하고 자신에게 쏟아붓는 형태다. 스스로에게 해를 끼치는 자해라든가 아니면 시어머니로부터 시집살이를 모질게 당했던 며느리가 시어머니가 죽고 난 이후 갑작스럽게 우울증에 걸리는 경우이다.

일곱 번째는 부정(Denial)이다. 도저히 받아들이지 못할 만큼의 힘든 현실이 닥쳤을 때 나타나는 방어기제로 본능적이고 원초적이라 할 수 있다. 예를 들면 가족 중 어떤 병으로 인해 시한부 선고를 받은 사람이 생긴 경우 그것을 인정하지 못하는 것이다.

여덟 번째는 퇴행(Regression)이다. 항상 1등만 했던 학생이 새로 전학 온 다른 학생에게 1등을 빼앗기면서 전에 하지 않았던 지각이나 결석을 하게 되는 경우처럼 심한 좌절의 경험을 갖게 된 후 나타나는 모습이다.

이처럼 사람이 스스로를 보호하고 편안함을 찾고자 하는 방어기제가 건강하게 사용되어야 한다는 것은 두말할 필요가 없다. 그래서 나의 본능적인 욕구(Id)나 도덕적인 욕구(Superego) 사이에 있는 자아(Ego)를 건강하게 유지하는 것이 곧 행복한 삶을 살 수 있는 능력이라고 할 수 있다.

나무는 서서히 성장해야 한다

어떤 사람이 작은 나무를 심었는데
나무가 자라지 않자 빨리 자라게 하려고
나무에 도르래를 설치했다.

그가 힘을 가하자 이제 막 흙속에 자리를 잡고
나무에 영양분을 공급했던 뿌리가 뽑혀 올라와
나무는 시들어 죽고 말았다.
나무는 서서히 성장해야 한다.

모든 것은 한 그루 나무와 같다.
크건 작건 꽃들이 여기저기 피어 있는
아름다운 정원을 갖고자 하는 사람은
허리를 굽혀서 땅을 파야만 한다.

소망만으로 얻을 수 있는 것은
이 세상에서 극히 적은 까닭에
우리가 원하는 가치 있는 것에
무엇이건 일함으로써 얻어야 한다.

당신이 어떤 것을 추구하는가 하는 것은 문제가 아니다.
그것은 비밀이 여기 쉬고 있기에
당신은 끊임없이 흙을 파야 한다.
결실이나 아름다운 장미를 얻기 위해서.

에드가 게스트

7.
나는 수치심에 기반을 둔 자아정체감의 소유자였다

중학교 시절이었다. 내가 다니던 중학교는 한 학년의 학생 수가 약 400~500명 정도 되는 시골중학교 치고는 꽤 큰 학교였다. 집과 학교의 거리가 약 4㎞ 떨어져 있어 버스나 자전거를 타고 등하교를 해야만 했다. 때로는 군것질이 하고 싶어서 버스비로 과자를 사서 친구들과 삼삼오오 걸어서 왕복했던 적도 많았다. 여느 때처럼 학교 수업을 마치고 친구와 함께 버스를 타고 집으로 오게 되었는데 버스에서 내려 집으로 향하는 순간 술에 취한 친구 아버지를 보게 되었다. 시골이라 막걸리 같은 술은 농사일하면서 먹는 음료수 정도였지만 친구 아버지는 중독 이상의 수준으로 오후 네다섯 시가 되면 몇 병을 마셨는지 도저히 가늠하기 힘들 정도로 만취하기 일쑤였다.

여느 날과 비슷하게 인사불성이 된 모습으로 길옆 배수로 안에 누워서 세상모르게 잠을 자고 있는 친구 아버지의 모습은 노숙자나 다름없었다. 몸의 하반신은 길 위에, 상반신은 배수로 안에 놓인 채 꼬꾸라져 있는 친구 아버지의 모습은 내가 보기에도 창피하고 민망하기 그지없었다. 하지만 정말 창피한 것은 내가 아니라 친구였다. 술에 취해 망가진 아버지의 모습을 혼자 보았다면 덜 창피했겠지만, 친구인 나에게 보여주고 말았다는 것이 창피함을 넘어 스스로 견디지 못할 만큼의 수치심을 유발했기 때문이다. 그런 친구 얼굴에는 말로 표현할 수 없을 만큼 아버지에 대한 원망과 절망이 가득했다.

나 또한 친구 아버지의 모습을 보고 예전 아버지가 돌아가시기 전에 애쓰시던 모습이 떠올라 힘들어하는 친구에게 아무런 위로의 말도 할 수 없었다. 술에 취해 가족들에게 폭언과 폭행을 일삼는 아버지의 모습을 보면서 성장한 친구에게 수치심은 내면화되기에 충분했다. 반대로 아버지가 술에 취하지 않은 날이 오히려 더 이상할 정도로 친구의 마음속은 이미 수치심으로 중독되었다.

원래 수치심이란 감정은 내가 사는 현재가 무엇인가 잘못되어 가고 있다고 느끼는 것을 말한다. 친구의 아버지를 보면서 부끄러워할 필요가 없는데도 나 또한 친구처럼 수치심을 느꼈다는 것에 주목할 필요가 있다. 상담심리학자 이병준 박사는 그의 저서 『가족의 재탄생』에서 어린 시절 부모의 수치스러운 모습을 자주 보면서 성장한 아이들은 그것을 부모의 것으로 받아들이지 않고 본인 것으로 받아들여 마음속에 '수치심이 내면화'된다고 했다. 이러한 악순환이 반복되면 수치심을 경험하지 않고서는 살 수 없는 존재가 되어 무의식적으로 수치심이 유발되는 행동을 하게 되는 '수치심 중독'으로 발전하게 된다.

내 친구 또한 어릴 적 아버지로부터 감당할 수 없을 만큼 받은 폭행과 폭언으로 지속적인 수치심에 노출되어 본인의 의지와는 상관없이 마음 깊은 곳에 수치심에 찌든 자아정체감이 형성되었고, 예전에 가장 싫어했던 아버지의 모습을 똑같이 하는 현재의 자신을 볼 수 있다고 했다. 안타깝게도 그 친구의 일상 또한 행복과는 거리가 멀고, 무기력에 찌든 패턴이 지속되고 있음은 자명한 사실이다.

이러한 수치심에 찌든 자아정체감을 가진 사람들의 삶은 어떠한 경우라도 무조건 살아남는 것에 초점이 맞춰져 있다. 한 마디로 무기력에 찌들어 있는 삶이다. 삶의 수준 또한 밑바닥이어서 자신의 환경을 통제할 수도 없을뿐더러 무엇인가 새로운 도전과 목표를 정해놓고도 대부분 쉽게 포기해버리는 악순환이 반복되고야 만다.

박경숙 박사의 『문제는 무기력이다』에서 무기력은 방치한다고 해서 없어지는 것은 아니라고 했다. 그녀는 무기력한 사람들은 무기력을 이겨내고자 부지런히 운동을 하고 소일거리를 찾지만 무턱대고 바쁘게 살고 몸을 고단하게 한다고 해결되는 문제가 아니라 무엇보다 각자 생각하는 수준 즉, 정신 레벨을 무기력보다 높은 단계로 끌어올려야 한다고 강조했다. 그녀는 모든 사람의 생각하는 수준이 다르기에 이를 개념화해 수치화할 수 있다는 것이 데이비드 호킨스(David Hawkins) 박사의 『의식혁명』을 예로 들며 무기력한 삶에 찌들어 있는 자신을 확인할 수 있게 한다.

미국의 정신 진화 전문가 데이비드 호킨스는 인간의 의식 수준을 1에서 1000까지의 수치로 설명하며, 각자의 정신을 어떤 단계의 값으로 표현할 수 있다고 주장했다. 정신을 레벨로 나누고 수치화한다는 점에서 비판도 많이 받았지만 많은 사람에게 통찰의 기회도 주었다. 그 결과 수많은 추종자가 생겼으며 세계적인 관심을 받게 되었다. 그는 예수와 부처의 의식 레벨은 1000, 간디는 700, 아인슈타인과 뉴턴, 프로이트는 499라고 했다. 여기서 수치는 대수의 의미이므로 의식 수준 50과 55는 5만큼의 차가 나는 것이 아니고, 지수 값만큼 차이가 난다. 그 수치의 절댓값이 진실인지 아닌지는 여기서 논하지 않겠다. 그러나 그가 단계별로 정리한 의식지도는 현재까지 정신을 연구한 철학자·의학자·심리학자가 이미 발표했거나 우리가 막연하게 알고 있던 것을 체계적으로 정리한 것으로 볼 수 있다. 따라서 그의 지도에 나타난 '무기력'의 위치를 통해 객관적인 '무기력'의 상태와 의식 레벨 전체에서 무기력이 다른 정신 레벨과 어떤 관계를 갖는지 엿볼 수 있다.

호킨스 박사는 인간 정신의 가장 높은 레벨을 깨달음으로 설정했다. 깨달음 아래 평화·기쁨·사랑·이성·포용·자발성·중용·용기·자존심·분노·욕망·두려움·슬픔·무기력·죄의식·수치심의 정신 단계를 차례로 분포시켰다. 그는 무기력을 죄의식, 수치심과 함께 인간 의식의 아주 낮은 레벨에 두고 있다. 그는 의식을 수치화하며 200 이하의 수준에 기본적으로 깔려 있는 삶의 태도가 '살아남기'라고 했다. 특히 50 '무기력' 이하의 단계에서는 가난과 결핍에서 비롯된 절망과 우울이 정신을 지배하고, 그 윗 단계인 125 '욕망'과 150 '분노' 단계인 사람은 생존하기 위해 자기 위주의 충동적인 행동을 하며 175인 '자존심'의 수준에 이르면 다른 사람에게도 역시 살아남으려는 본능이 중요하다는 사실을 이해하기 시작한다. 예를 들어 호킨스 박사는 미국 해병대를 이끌어가는 힘이 바로 이 '자존심'이라고 했다. 표에 따르면 200대 이하에서는 겨우 생존을 유지하는 삶을 영위하지만, 긍정과 부정의 1차 분기점인 200 '용기'에 이르면 다른 사람의 안녕을 중요하게 느낀다. 200대 중 낮은 수준에서 미숙련 노동자가 나타나고 200대 중간 수준에서 조금 숙련된 노동자가 나타나며, 높은 수준에서는 숙련된 노동자 . 상인 . 소매업자가 나타난다.

그리고 300에서는 기술자·숙련공·경영인·소박한 사업가, 300대 중간 레벨에는 전문 경영인·기능공·교육자가 해당되는데, 가족이나 이웃을 초월해 국가와 국가의 복지를 생각할 줄 아는 세계관이 형성되는 단계라고 할 수 있다. 400대 수준에서는 지성이 중요해진다. 지식층과 전문가·과학자·고급 행정 관리 등이 이 레벨에 해당하는 사람들로 이들은 사회현상에 대한 이해가 깊고 예술과 문화를 사랑하며 정치가·발명가·산업계 지도자가 나타나며 노벨상 수상자도 여기에 해당한다. 아인슈타인과 뉴턴, 프로이트가 500대로 도약하지 못한 이유를 두고 호킨스는 그들 이론이 사랑에 대한 '통합'을 이루지 못하고 편협성에서 벗어나지 못했기 때문이라고 평가했다.

2차 분기 지점인 500 '사랑'의 단계에 이르면, 다른 사람의 행복을 고려하게 되어, 그것이 그 사람을 움직이는 필수적인 요소로 자리 잡는다고 한다. 이들은 지도자가 되기를 원하지는 않지만 다른 사람들의 지지로 지도자가 되며 음악·미술·건축 등에서 걸작을 남겨 많은 사람이 이들과 함께 있는 것만으로도 의기가 고양된다. 500대의 높은 단계에는 수많은 사람에게 귀감이 되는 영적 지도자가 속한 레벨로 자신의 분야에서 새로운 관점과 이해를 창조해 인류 전체에 기여한다. 그리고 600대에 가까워지면, 자신뿐만 아니라 다른 사람들의 영적인 눈뜸에 관심을 갖게 되고 인간의 선과 깨달음을 추구하는 것을 삶의 기본적인 목표로 삼는다.

700에서 1000에 이른 사람은 모든 인간의 구원을 추구하는데 부처·예수·크리슈나와 같은 종교 지도자가 이 단계에 해당한다고 그는 말한다. 그러면 호킨스 박사가 설명하는 무기력은 어떤 상태일까? 그의 첫 번째 저서 『의식혁명 Power vs. Force』에서 밝힌 무기력의 증상은 다음과 같다.

"무기력은 빈곤, 절망, 자포자기와 연관이 깊다. 현재와 미래가 황폐해 보이고, 비애가 인생의 주제로 보인다. 무기력은 아무 희망이 없는 상태로, 여기에 속해 있는 사람들은 모든 면에서 도움이 필요하다. 그러나 그 도움조차도 그들에게는 쓸모없게 느껴진다. 삶에 대한 의욕이 없이 허공을 응시하고 자극에 무감각하며 시선이 더 이상 어떤 사물을 쫓지 않고 주어진 음식조차 삼킬 에너지가 없는 상태에 이른다."

친구의 성장환경 또한 호킨스 박사가 말하는 의식지도에서도 최하위 단계인 수치심 단계(수치 20)에 머물러 있었다는 것을 알 수 있다. 나는 아주 가끔 멍하게 체념하듯 앉아 있는 친구의 모습이 '그래서 그랬구나…'라고 조금이나마 이해할 수 있게 되었다. 바로 상위 두 단계인 죄의식(수치 30)과 무기력(수치 50) 단계보다 더 낮은 단계, 그냥 오로지 하루하루를 살아내는 것에 급급한 삶이었다. 그런 정신 레벨에서 어떻게 건강한 몸과 마음이 자랄 수 있었겠는가?

그렇다면 무기력한 사람은 어떻게 해야 할 것인가? 호킨스 박사는 의식의 단계를 상승시키는 것이 어려운 일이긴 하지만, 노력을 기울이면 가능하다고 한다. 그것은 심리학자들이 끝없이 탐구하는 인간 정신의 진화과정과 비슷하다. 무기력은 자발성을 상실한 상태이므로 자발성을 회복하는 단계까지 올라가면 무기력은 극복된다고 볼 수 있다. 물론 자발성 이상의 레벨까지 계속 상승할 수 있다면 점점 성장, 진화하고 정신의 자유를 누리며 인류와 역사에 큰 영향을 미칠 수 있을 것이다.

또한, 박경숙은 『문제는 무기력이다』에서 무기력을 발생시키는 원인을 어린 시절 양육 방식, 누군가에 의해 억압된 학습, 유전적으로 무기력에 약한 체력이나 성격적 특성이 의존적이거나 강박적인 이유로 남들보다 강하게 무기력을 겪는 데서 보았고, 더불어 자신이 자기를 바라보고 평가하는 방식에 문제가 있는 인지 부조화의 결과일 수 있음을 언급하고 있다. 그중에서 가장 치명적인 것은 학습된 무기력으로 스스로의 선택과 결정이 아닌 어느 무엇인가에 의해서 배워버리는 무기력이다. 나는 이 대목에서 한동안 멍하니 있을 수밖에 없었다. 가끔 나도 모르게 무기력해졌던 원인이 나의 선택과 의지가 아니라 부모의 안정된 돌봄과 보살핌이 없는 좌절된 환경에서 기인했다는 것을 깨달았기 때문이다. 그래서 나는 또 한 번 어금니를 꽉 깨물 수밖에 없었다.

타인이 나를 어떻게 본다 하더라도

타인이 나를 어떻게 본다 하더라도
그것은 나에게는 관계없는 문제다.

그것은 나의 문제라기보다는
차라리 그들의 문제인 것이다.

작자 미상

제 2 장

무기력의 심리학

1.
무기력은 학습된다

학습된 무기력 이론은 1975년 마틴 셀리그만에 의해 처음 발표되었다. 셀리그만은 학습된 무기력이란 '유기체가 자신의 환경을 통제할 수 없게 되면 그 결과로 통제하려는 시도를 포기하는 것을 학습한다'고 하며 무기력도 학습된다고 주장했다. 마틴 셀리그만에 의하면 인간이 통제할 수 없는 혐오적인 사건에 직면하면 자신의 반응으로 미래의 결과를 통제하지 못할 것으로 예측한다고 한다. 조금 더 쉽게 말하면 개가 전기충격을 통제하지도 못하고 언제 전기충격이 가해진다는 것을 예측하지도 못하기에 어느 순간에 접어들면 전기충격 자체를 피하지 않고 그대로 받아들이게 된다. 즉 자신의 반응이 결과에 영향을 미치지 못한다는 예측에서 무기력이 발생한다고 했다. 이것은 원래 실험실에서 통제 불가능한 전기충격에 노출된 개가 나타내는 반응을 묘사하기 위해 사용되었던 개념이었다.

마틴 셀리그만 박사는 아버지의 죽음을 그저 지켜볼 수밖에 없던 자신의 무력함이 학습된 무기력 연구에 가장 큰 영향을 미쳤다고 말한다. 셀리그만의 아버지는 미국의 대공황 시절에 예일대학의 법과대학원을 훌륭한 성적으로 졸업했지만, 공무원 생활을 하면서 죽음에 이르기 전까지 육체적, 정신적으로 무기력한 삶을 보냈다. 아버지의 무기력한 모습을 통해 사람과 동물의 무기력에 관심을 갖게 된 마틴 셀리그만은 펜실베이니아대학 솔로몬 교수의 제자로 이반 파블로프의 조건형성 실험에 관여했다. 이반 파블로프의 조건형성 실험은 먼저 개에게 종소리를 들려주고 난 뒤에 고기를 주는 것이었지만, 솔로몬 교수는 고기라는 보상 대신에 전기충격을 주어 개가 전기충격을 피해 도망갈 수 있는 행동을 할 수 있는지를 학습하게 하였다. 이반 파블로프는 개가 침을 흘리는 현상을 '정신적 분비(psychic secretion)'라 불렀다.

그런데 마틴 셀리그만은 전기충격을 여러 번 경험한 개가 도망가지 않고 무기력해 하는 모습을 보면서 조금 더 구체적인 실험에 착수했다. 먼저 개를 묶어 놓고 피할 수 없는 전기충격을 수십 회 가한 후 다음 날 실험 상자 안에 개를 넣어 두고 전기충격이 가해지기에 앞서 불빛이 어두워지는 신호를 통해 개가 충격을 피할 수 있게 했다. 10초 안에 개가 반대편 칸막이로 뛰어넘어가면 전기충격도 멈추도록 했고, 반대로 넘어가지 않으면 재차 1분 정도 전기충격을 주었다. 이처럼 실험을 조작해서 진행하는 조건형성은 어떤 특정한 행동에 영향을 미치는 연관성을 창출해 행동을 학습하게 만든다.

그 실험에서 마틴 셀리그만은 약 3분의 2에 해당하는 개가 충격을 피할 수 있는 데도 피하지 않고 받아들인다는 것을 알았다. 그 개들은 전기충격을 자기 힘으로는 도저히 통제할 수 없음을 학습한 것으로 생각했다. 마틴 셀리그만은 전기충격 자체가 개들에게는 물리적인 쇼크가 될 수 있다고 판단하고 다시 실험을 조작했다. 첫 번째 집단의 개들은 코로 판자를 누르면 전기충격을 멈출 수 있게 했고, 두 번째 집단의 개들은 충격을 멈출 수 없게 했다. 세 번째 집단의 개들은 전기충격을 전혀 받지 않게 했다. 결과는 전기충격을 피할 수 없는 두 번째 집단의 개들만이 무기력을 학습했다. 이것은 자신의 힘으로는 현재 상황을 통제할 수 없기에 비슷한 상황이 되어도 그 상황을 탈출하거나 해결하려는 시도조차 하지 않는다는 것을 알 수 있다. 이것은 학습된 무기력의 가장 큰 원인이 되는 현상으로 심리학에서는 '비 수반성 인지, 또는 통제 불가능성'이라고 한다. 여기에서 3분의 2의 개는 학습된 무기력을, 3분의 1의 개는 학습된 무기력에서 탈출할 수 있는 면역력을 갖게 된 셈이다.

사람을 상대로 학습된 무기력을 최초로 실험한 마틴 셀리그만의 제자 히로토는 무기력을 학습시키려 했던 집단 가운데 3분의 1이 무기력에 굴복하지 않았던 것과 같이 마틴 셀리그만의 전기충격을 받은 개 실험에서 또한 3분의 1이 무기력해지지 않았다는 것을 확인했다. 이것은 유기체가 어떤 상황을 통제할 수 있거나 스스로의 행동으로 무엇인가에 효력을 발휘할 수 있다는 것을 깨닫게 되면 학습된 무기력을 예방할 수 있다는 것을 의미한다.

사람과 동물의 무기력과 관련된 연구, 학습된 무기력(Learned helplessness)의 권위자 마틴 셀리그만 박사의 저서 『낙관성 학습』을 옮긴 행복메이커 우문식 박사 또한 여러 번의 사업 실패에 따른 무기력 학습으로 급격한 무기력증에서 빠져나오지 못하던 시절이 있었다고 한다. 필자는 2012년 국내 최초로 일반인들을 대상으로 긍정심리학 중심의 행복교육 과정을 진행했다. 이 과정에 여러 차례 강사로 함께 했던 우문식 박사는 어머니에게 직접 쓴 감사편지를 통해 참가자들의 마음에 깊은 감동과 행복을 선물했다. 그는 마틴 셀리그만의 '낙관성 학습'을 옮기면서 자신이 경험한 "무기력을 극복할 수 있는 방법들을 알았더라면 내 삶의 행복한 시간을 더 많이 늘리고, 빠르게 회복될 수 있었을 거란 아쉬움이 남는다"라고 말했다.

인지과학자 박경숙 박사 또한 그녀의 저서 『문제는 무기력이다』에서 무기력은 단순히 건강이 나빠졌다거나 피로가 누적될 때 나타나는 신체적인 '기력 없음'이 아니라 심리적으로 '의욕 없음'이라고 했다. 또한, 심리학에서 말하는 무기력은 '자발적으로, 적극적으로 행하지 않는 것' 또는 '현저하게 의욕이 떨어져 결여되었거나 저하된 경향'으로 상실된 의욕을 되찾아 자발성을 회복하는 것이 무기력에서 탈출할 수 있는 하나의 방법이라고 제시했다. 또한, 그녀는 무기력에 빠져 하루하루를 무의미하게 보내는 사람들은 당장 어떠한 목표를 달성하기 위해 무엇인가를 실행하는 것보다 가장 우선적으로 해야 할 것은 '무기력에서 탈출하는 것'이라고 강조했다.

돌이켜 보면 필사적으로 살고자 애쓰셨던 아버지의 마지막 몸부림은 내 인생을 송두리째 날려버릴 만큼 크나큰 충격(Trauma)이었다. 아버지의 권위와 체면, 책임은 체득하지 못한 채 말이다. 그 충격으로 인해 내 일상은 무감각하게 서서히 멍들어 갔고, 한 사람으로서 온전하게 기능할 수 없게 되었음을 스승을 만나 학습을 시작하면서 비로소 깨닫게 되었다.

이처럼 사람은 충격을 받으면 반드시 전문가를 만나서 치료해야 한다. 그 충격이나 상처를 치료하지 않고 방치한다면 평생 외상후스트레스장애(Post Trauma Stress Disorder)에 시달릴 수 있고, 열심히 최선을 다해 살더라도 삶의 어느 시점에 당사자는 물론 주변 사람들 또한 불행하게 만들 수 있다. 그러하기에 우리는 일상에서 맞닥뜨리는 크고 작은 트라우마를 잘 극복하고 치료해야만 온전하고 건강한 사람으로 기능할 수 있다. 이는 살면서 겪게 될 더 큰 시련이나 고난, 역경들과 맞짱 뜰 수 있는 마음의 힘(Resilience)을 발달시킬 수 있고, 이를 통해 세상과 당당히 직면(Confrontation)해서 스스로 원하는 꿈과 목표를 성취(Accomplishment)할 수 있게 된다.

휴식

휴식은 게으름도 멈춤도 아니다.

일만 알고 휴식을 모르는 사람은

브레이크 없는 자동차와 같은 위험하기 짝이 없다.

그러나 쉴 줄만 알고 일할 줄 모르는 사람은

모터 없는 자동차와 마찬가지로 아무 쓸모가 없다.

헨리 포드

2.
무기력은 스트레스로 가중된다

아버지의 죽음은 어린 내가 감당할 수 없을 정도로 가장 큰 정신적 충격, 심리적 상처였던 만큼 그 후유증은 때때로 내 일상을 무자비하게 지배했고, 스스로 아버지의 죽음이라는 사건을 잊어버리기 위해 의식적으로든 무의식적으로든 사건과 상황을 분리하는 해리(Disassociation)라는 미숙한 방어기제를 동원했던 적도 많았다. 이것은 고스란히 내 삶에 있어 무기력한 스트레스로 작용되었다.

나는 스트레스를 '스(스스로) 트(트러블을 만들어) 레(레벨을 정해 놓고 내 안에) 스(스며들게 하는 것)이다'라고 정의한다. 조금 더 쉽게 말하면 '나 스스로 스트레스받기로 선택했다'라는 의미이다. 현대인은 최소 하루에 한 번 이상은 자신이 스트레스를 받았다고 외친다. 또한, 대한민국 사람들이 가장 많이 쓰는 외래어가 되었을 정도로 스트레스는 일상에서 가장 친숙한 단어가 되었다.

슈레베르 박사는 그의 저서 『치유』에서 '스트레스'란 말은 1936년에 오스트리아 빈 출신의 의사 한스 젤예가 만들어낸 단어로 그는 1,700개의 학술 기사와 39권의 저서에서 아직 학문적으로 정립되어있지 않던 '스트레스 현상'을 전문적으로 다루었었다. 스트레스는 Strain 과 Press의 합성어로 '무언가 꽉 쥐어짜는 듯 압박을 느끼는 상태'를 의미한다.

심리학자 모니카 불링거 또한 "오늘날 사람들은 할 일이 없다는 말 대신 (자신이 너무나 중요한 사람이기 때문) 할 일이 너무 많다고 투덜거리는 것이 거의 일상이 되었다."라고 했다. 그리하여 간혹 뭔가를 숨 가쁘게 할 때의 활기찬 감정과 스트레스를 받으면서도 일을 성공적으로 마치지 못했을 때 찾아오는 부정적인 감정을 더 이상 분간하지 못하게 되었다. 그들은 이러한 풀리지 않은 스트레스가 건강에 해롭다는 사실을 너무 과소평가한다고 했다.

또한, 발달심리학자 프리드리히 뢰젤은 "삶에서 우선순위를 분명히 하고, 다른 사람들에게 휘둘리지 않는 것을 모토로 삼아야 한다."라고 충고한다. 스트레스를 통제하지 못하는 사람은 사소한 일에도 민감하게 반응해서 쓰지 말아야 할 에너지를 엉뚱한 곳에 써버려 정작 중요한 일에 대해서는 에너지를 집중하지 못하게 될 뿐 아니라 주어진 일에 대해서도 좋지 않은 결과물을 만들어 낼 수밖에 없다. 이러한 현상이 거듭될수록 소진(Burn-out) 같은 무기력의 초기 증상이 나타난다. 정말 중요한 것은 대부분 사람은 스스로 문제가 있어서 말과 행동, 표현 등이 증상으로 나타난다는 것을 깨닫지 못한다. 그래서 의식적이든 무의식적이든 사건이나 상황을 통제하고자 더 큰 에너지를 소비하게 되는 악순환의 패턴에 빠진다.

특히 우리나라 직장인들은 인간관계보다 업무와 고용 불안에서 더 큰 스트레스를 받는 것으로 나타났다. 2016년 전국경제인연합회가 컨설팅회사 아인스 파트너와 함께 직장인 720명을 대상으로 조사한 결과, 업무와 고용 불안에서 매우 큰 스트레스를 받고 있다고 답한 비율이 각각 42%와 40%였고 또 인간관계에서 매우 큰 스트레스를 받고 있다는 응답도 33%에 달했다. 스트레스 해소를 위해 누가 나서야 하느냐는 질문에는 36%가 자신이라고 답했고, 경영진 28%, 직속 상사 23%순이었다. 세계보건기구(WHO)도 직무(Job, 직업) 스트레스를 '21세기 최대 위험'으로 선언했다.

이렇듯 대부분의 사람은 자신이 생각하는 것보다 훨씬 더 많이 업무에 과도한 책임과 부담을 느끼고 있다. 그래서 현재의 행복을 뒤로한 채 매일같이 긴급한 일의 횡포에 시달리며 지금 당장 누려야 할 행복들을 내일과 모레, 미래로 미루며 살아가고 있다. 계속해서 이런 악순환에 시달리며 하루하루를 버텨내다 결국은 어느 순간에 주저앉게 되어 스스로 학습된 무기력의 노예가 되어간다.

또 다른 예로 '2014년 한국의 사회지표(국민일보/2015.3.30.)'에 따르면 고령화 추세에 따른 한국의 평균 연령이 40.3세로 사상 처음 40대에 진입했고, 한국의 총인구 5,042만명 중 65세 이상 인구가 차지하는 비중은 12.7%에 달했다. 통계청은 65세 이상 인구 비중이 2030년 24.3%, 2040년 32.3%까지 증가할 것으로 내다봤다.

이에 따라 지난해 생산 가능 인구 100명당 부양해야 하는 65세 이상 노인은 17.3명에서 2040년 57.2명으로 급증하고, 한국인 평균 연령도 2040년 49.7세까지 높아질 것으로 예상했다. 부양율이란 일하는 사람 100명이 일 안하는 사람 몇 명을 부양해야 하는 지를 보여주는 수치다. 이와 같은 현상은 과학의 발달과 함께 기대수명의 연장으로 인해 노인 인구는 급격히 많아지고, 미혼자는 물론 기혼자들의 출산율 하락으로 청년층 인구가 급감하는 양극화 현상으로 국가적, 사회적 불안에서 오는 환경 스트레스를 더욱더 가중하고 있는 것을 알 수 있다.

동아일보 보도자료(2011.7.11)에 의하면 기대수명의 연장은 개인에게는 축복이지만 전체적으로 재앙이 될 수 있다고 했다. 한국은 1955년~1963년에 태어난 베이비붐 세대(714만 명)의 은퇴 시작과 함께 중년 남성의 자살률 또한 지속적으로 증가하고 있다고 말한다. 한국형사정책연구원의 승재현 연구위원은 MBC와의 인터뷰(2015.5.7.)에서 "남성 같은 경우 조금 더 성공지향적이고 목적지향적인 삶을 살다가 (은퇴 후) 60대가 되면 상대적 박탈감이 갑자기 커져 극단적인 선택을 하게 되는 것이다."라고 말했다. 이 말은 우리가 주어진 삶에 최선을 다해서 살아가고 있는 현실이 무한 경쟁과 억압(Repression)이 계속되는 불안한 현실임을 부정할 수 없고, 우리나라의 사회적, 문화적인 특성의 결과물로서 지금껏 가족들의 생존을 위해 살아왔던 '부모님들의 삶에 대한 치열한 몸부림의 결과'를 여실히 보여주고 있다고 할 수 있다.

표는 홈스-라헤의 스트레스 테스트다. 표를 보고 지난 1년 동안 자신이 겪었던 사건의 총합이 200을 넘었다면 당신은 스트레스를 통제할 수 있는 상태를 넘어섰다고 할 수 있다.

\<표\> 홈스-라헤 스트레스 테스트(Hohms-Rahe Stress Test)

스트레스 원인	충격의 정도	스트레스 원인	충격의 정도
배우자의 사망	100	자녀의 증가	29
이혼	73	고부간의 갈등	29
별거	65	개인적인 성취	28
교도소 수감	63	취업이나 퇴직	26
가족의 사망	63	입학과 졸업	26
부상이나 질병	53	생활여건의 변화	26
결혼	50	개인적인 습관의 교정	24

해고	47	상사와의 갈등	20
부부간의 중재 노력	45	업무시간, 환경의 변화	20
퇴직	45	거주지의 변화	20
가족의 건강 문제	44	전학	19
임신	40	여가 활동의 변화	19
성생활 문제	39	교회 활동의 변화	19
새로운 가족의 출현	39	사회 활동의 변화	18
사업의 재개	39	1천만 원 미만의 부채	17
재정 규모의 변화	38	수면 습관의 변화	16
친한 친구의 죽음	37	종친회 구성원의 변화	15
업무 변화	36	식습관의 변화	15
배우자와의 말다툼	35	휴가	13
1천만 원 이상의 부채	31	크리스마스	12
저당물의 유질 처분	30	사소한 법규 위반	11

살아남는 사람

성공은 안일함을 낳는다.

안일함은 실패를 낳는다.

모든 것이 잘 될 때

오히려 불안에 떠는 사람만이

살아남는다.

엔드류 그로브

3.
무기력은
감정지능의 부족에서 온다

<감정지능>이야말로 감정과 이성의 균형 상태를 가장 잘 정의한 용어이다. 예일 대학과 뉴햄프셔 대학의 연구진들이 고안해낸 이 용어는《뉴욕타임스지》의 과학부 기자인 대니얼 골먼이 발간한 책을 통해 널리 알려지기 시작했다. 이 책이 세계적인 관심을 끌기 시작하면서 <지능이란 무엇인가?>라는 질문에 대한 열띤 논쟁이 벌어졌다.

20세기 초의 프랑스 심리학자 알프레드 비네가 창안해낸 지능의 가장 일반적인 정의에 따르면, 지능이란 한 개인의 성공을 예견해볼 수 있는 정신적 능력의 총체이다. 원칙적으로 말하면 지능이 높을수록 다시 말해 지능지수가 높을수록 성공할 확률이 높다는 뜻이다. 이 예견을 증명해 보이기 위해 비네는 <IQ테스트>라는 검사 방법을 고안해냈다. 지능지수 테스트는 무엇보다 합리적인 정보처리의 유연성 여부와 추상능력에 초점을 맞추고 있다. 반면 한 개인의 지능지수와 성공률-사회적 지위, 급여, 결혼 여부, 자녀 등-의 상관관계는 좀 더 넓은 의미에서 볼 때는 매우 적은 것으로 드러났다. 성공한 사람 중 지능지수가 성공과 관계있는 것으로 나타난 사람은 20%도 채 안되었다. 결론적으로 추상능력이나 추론능력 이외의 다른 요소들이 성공의 80% 정도를 결정짓게 된다.

융과 피아제는 이미 다른 유형의 지능이 존재한다고 언급한 바 있다. 물론 모차르트는 음악에, 로댕은 형상에, 그리고 누레예프나 미카엘 조르당은 유연한 몸의 움직임에서 타고난 지능을 가지고 있다는 것은 부정할 수 없는 사실이다. 예일 대학과 뉴햄프셔 대학의 연구진들은 사람의 감정 중 이해·통제와 관련된 여러 형태의 지능을 개발했다. 그런데 이러한 지능의 형태가 바로 우리의 삶에서 다른 어떤 요소들보다 성공의 이유를 설명할 수 있는 <감정지능>이다. 이는 지능지수(IQ)와는 별개의 것이다. 감정지능이라는 개념과 관련해 연구진들은 <감성지수 (EQ)>를 고안해냈다.

감성지수를 측정할 수 있는 4가지 특성은 다음과 같다.

1) 자신과 타인의 진정한 감정 상태를 지각할 수 있는 능력
2) 감정의 자연적인 흐름을 이해할 수 있는 능력
3) 자신과 타인의 감정을 이해할 수 있는 능력
4) 자신과 타인의 감정을 조절할 수 있는 능력

위의 4가지 능력이 사회적인 성공을 위한 기본적인 요소이다. 다시 말해 자기 자신을 잘 이해하고 통제하며, 타인을 배려하고 협조하는 마음으로 문제를 해결할 수 있는 능력을 갖춘 사람만이 성공할 수 있다는 뜻이다. 많은 사람이 이런 능력을 갖추었다고 생각하지만 실제로는 그렇지 않은 경우가 많다.

피츠버그 의대의 젊고 유망했던 여학생 예를 들어보자. 그녀는 인간의 대뇌 중 감정조절 부분을 찾아내는 임상 시험에 기꺼이 참여하겠다고 했다. 임상 시험 대상자를 MRI(자기공명 상치를 이용하여 생체의 단층상을 촬영할 수 있

는 첨단의학 기계로서, 뇌의 각각 다른 부분에서 사고와 감정에 따라 변화하는 신경의 활동을 촬영할 수 있다) 안으로 밀어 넣고 아주 폭력적인 영화를 보여주는 실험이었다. 그녀가 MRI 안에 미끄러져 들어가자마자 심장이 빠르게 뛰고 혈압이 급격하게 상승하기 시작했다. 상당한 스트레스를 받고 있다는 신호였다. 너무 위험하다는 생각이 들어 실험을 중단하자고 했는데, 놀랍게도 그녀는 자신은 아무 느낌도 없다는 것이었다. 끔찍한 영상들을 보고도 아무렇지도 않다고 했다. 오히려 왜 실험을 중단하려 하느냐고 물었다.

실험이 끝난 후, 연구팀은 그녀에 대해 여러 가지를 알게 되었는데 그녀는 친구도 거의 없이 오로지 일에만 빠져 지냈고, 특별한 이유도 없는데 연구팀의 팀원들이 그녀와 있는 것을 즐거워하지 않는다는 사실도 알게 되었다. 그녀는 자기 자신에 대해서는 많은 이야기를 하지만, 주위 사람들에게 무관심한 모습 때문인지 사람들로부터 인정받거나 수용 받는 기분을 느끼지 못한다고 진술하고 있다. 이 여학생이야말로 지능지수는 매우 높지만, 감성지수는 지나치게 낮은 전형적인 경우다. 문제는 그녀가 자신의 감정을 알아채지 못함으로써 다른 사람들의 감정에도 귀 기울일 수 없다는 것이다. 활동 분야와 관계없이 사람들은 항상 타인과 관계를 맺고 지낸다. 이를 피할 수는 없는데, 결국 이와 같은 감정지능이 장기적으로 볼 때 우리의 성공을 결정짓는 중요한 요소로 작용할 것이다.

어린아이의 행동을 보면서 우리는 감정의 상태를 정확히 진단하는 것이 얼마나 어려운지를 알게 된다. 대개 아이들은 자신이 왜 우는지를 잘 알지 못한다. 더위 때문인지, 배가 고파서인지 아니면 온종일 뛰어놀아 피곤하기 때문인지 잘 모른다. 그렇기 때문에 어떻게 해야 기분이 좋아지는지도 알지 못한다. 감정지능이 낮은 어른들은 이런 어린이를 대할 때 상황을 잘 파악하지 못한다. 아이의 감정을 읽어내지 못하기 때문에 아이의 요구를 들어주지 못하는 것이다. 반면, 감정지능이 높은 사람은 별 어려움 없이 아이를 진정시킬 수 있을 것이다. 유명한 아동심리학자인 프랑소와즈 돌토가 단 몇 마디의 말이나 동작 하나만으로 며칠 동안 보채던 아이를 진정시킬 수 있었던 것은 놀랄 만한 감정지능을 발휘한 좋은 예가 될 수 있겠다.

어른들도 때로는 자신의 감정 상태를 정확하게 파악하지 못한다. 슈나베르 박사가 근무하고 있던 미국 병원의 인턴들이 그랬다. 그들은 온종일 과로에 시달리고도 나흘에 한 번씩 밤 근무를 해야 했다. 피곤할 때면 엄청나게 먹어대는 것으로 그 문제를 해결했다. 몸은 계속 '잠시 일을 멈추고 자고 싶어.'라고 메시지를 보내는데 그들은 단지 '무언가를 하고 싶다'라는 것만 듣고 가장 손쉬운 방법으로 그 요구를 들어주려 했다. 바로 이런 경우 위에서 언급했던 4가지 능력을 발휘할 필요가 있다. 먼저 자신의 내적 상태를 진단하고(공복감이 아니라 피로 때문이라는 것을 알고), 그 흐름을 파악하고(심하게 몸을 혹사하면 온종일 무언가를 필요로 하는 상태가 계속될 것이라는 사실을 깨닫고), 그 대상에 대해 이성적으로 판단하여(이럴 때 아이스크림을 먹는 것은 문제를 해결하는 것이 아니라 오히려 몸에만 해롭고, 스스로 죄책감만 더 크게 느낄 것이라는 사실을 알아야 한다) 피로감을 푸는 방법을 배우거나, 잠시 명상을 한다거나, 필요하다면 20분이라도 낮잠을 자는 것이 필요하다. 이렇게 하는 것이 커피를 계속 마시거나 초콜릿을 무한정 먹는 것보다 더 효과적이라는 사실을 깨달아야 한다.

위에서 언급한 것은 매우 평범해 보이면서도 통제하기가 쉽지 않기 때문에 더욱 우리의 관심을 끈다. 영양학 전문가들은 비만의 주요 원인 중 하나로 잘못된 감정 통제를 언급하고 있다. 스트레스를 유발하는 요소들이 우리를 둘러싸고 있듯, 먹을 것 또한 쉽게 취할 수 있기 때문이다. 하지만, 스트레스를 통제할 줄 아는 사람은 일반적으로 비만의 문제가 적다. 왜냐하면, 그들은 자신의 몸이 원하는 것을 듣고 감정을 바로 인식할 수 있기에 그에 맞는 대처가 가능하기 때문이다.

골먼의 논문에 의하면 한 개인의 성공은 높은 지능지수보다 감정지능을 조절할 수 있는 능력에 달려 있다고 한다. 1940년부터 심리학자들은 백 명이 넘는 하버드 대학생을 대상으로 이들의 사회적 성공 요인을 알아보는 연구를 했다. 연구 결과, 스무 살 때의 지적 능력이 미래의 급여 수준이나 생산성, 타인의 인정 등등과는 상관관계가 없는 것으로 드러났다. 대학에서 우수한 성적을 받은 학생이 가장 행복한 가정생활을 하거나 더 많은 친구를 사귀지는 못했다. 오히려 보스턴의 빈민가에서 자란 아이들을 대상으로 실시한 연구에 따르면 〈감성지수〉가 가장 중요한 역할을 하는 것으로 나타났다. 성인이 된 그들의 성공 여부는 지능지수가 아니라 어려운 유년기를 보내며 얼마만큼 감정과 좌절을 통제할 수 있었는지, 다른 아이들과 협력하며 지낼 수 있었는지에 달려 있었다.

인간은 고통은 느끼지만

인간은 고통은 느끼지만
고통이 없다는 것은 느끼지 못합니다.

두려움은 느끼지만

평화는 느끼지 못합니다.

갈등이나 욕망은 느끼지만

그것이 이루어지면 금세 잊어버리고 맙니다.

마치 심한 갈증으로

허겁지겁 물을 마신 후에는

남은 물을 버리는 것처럼.

쇼펜하우어

4.
무기력은 내면의 목소리에
귀 기울일 때 생긴다

　사전에서는 자아상(自我像)이란 말을 자신의 역할이나 존재에 대해 가지는 생각이라고 한다. 부정적 자아상이란 자신에 대해서 객관적이며 긍정적으로 바라보고 해석하는 것이 아니라 부정적 감정으로 바라보고 해석하여 자기를 비하하는 것을 말한다. 이러한 감정들은 자기혐오와 자기증오를 가져오고, 이것들은 자기 패배적인 행동으로 강화된 여러 가지 경험으로부터 유발된다.

　『치유』의 저자 슈레베르 박사가 인턴이었을 때 그리스 출신의 피터라고 불리는 젊은 캐나다 남자가 응급실에 실려 온 적이 있다. 피터는 얼마 전부터 이상한 목소리가 들린다고 했다. 그 목소리는 피터에게 너는 한심하고 무능하니 차라리 죽는 게 낫다고 끊임없이 속삭인다고 했다. 자신이 가는 곳마다 따라다니는 목소리 때문에 피터는 점점 이상해졌다. 그는 씻지도 않고, 먹지도 않았다. 온종일 방안에만 틀어박혀 지냈다. 이와 같은 증상에 시달리는 피터는 자신의 의지와는 무관하게 끊임없는 부정적 자아상에 휘둘리고 있었다. 원래 부정적 자아상이란 외부의 영향과 내면에서 말하는 생각들을 동일시하면서 스스로를 주관적이고 부정적인 감정으로 바라보고 해석하여 결국 자기 자신을 지나치게 비하하는 것이다. 그런 피터의 어머니는 조금씩 변해

가는 외아들을 바라보며 마음 아파했지만 속수무책이었다.

철학과 1년생인 피터는 학과 내에서 가장 우수한 학생이었지만 원래 좀 특이한 성격의 소유자였다. 어느 날, 아무 이유도 없이 피터는 어머니에게 화를 내면서 욕을 퍼붓고, 주먹까지 휘둘렀다. 결국, 경찰이 출동했고, 피터는 바로 병원 응급실로 보내졌다. 진정제를 복용하면서 그는 점차 안정을 되찾는 듯했다. 며칠이 지나자 환청도 사라졌다고 했다. 피터는 이제 '스스로 통제'할 수 있다고 생각했다. 하지만 완전히 치유된 것이 아니었다.

약을 복용한 지 몇 주가 지난 어느 날, 피터의 어머니는 병원에 처음 오던 날처럼 불안해졌다. "아들이 아무것도 느끼지 않는 것 같아요." 그녀는 내게 애원하는 목소리로 말했다. "제 아들 좀 보세요. 아무것에도 관심이 없어요. 아무것도 하려 들지 않아요. 하루 종일 담배만 피우는걸요." 그는 초점 없는 눈빛에 잔뜩 굳은 얼굴을 하고 허리를 구부린 채 몽유병 환자처럼 병원 복도를 서성이고 있었다. 그렇게도 똑똑했던 그가 지금은 자기 세계 밖의 사람들에게 아무런 반응도 보이지 않고 있었다. 피터처럼 감정적으로 무기력해 있는 환자는 불안과 동정심을 동시에 느끼게 한다. 물론 장기적인 약물복용으로 인한 환상이나 망상의 후유증은 두 모자에게 있어 반드시 치료해야 하는 심각한 문제였다. 그런데 지금은 그가 아무 감정조차 느끼지 못한다는 사실이 더 큰 문제였다. 그것은 다시 말해 더 이상 삶이 존재하지 않는다는 뜻이기 때문이다(오늘날에는 환각이나 망상과 같은 증상을 통제할 수 있고, 좀 더 안심할 수 있는 향정신성 치료제가 개발되어 약물을 복용하는 환자일지라도 그의 정서적 생활에 많은 지장을 초래하지 않는다). 물론 감정적인 면만 중요시한다고 이상적인 삶을 실 수 있는 것은 아니다. 여러 감정은 인지뇌에 의해 합리적으로 분석되고 적절히 조절되어야 한다. 왜냐하면 '갑자기' 결정되는 것들은 타인과의 복잡한 관계의 균형을 위태롭게 할 수 있기 때문이다. 깊이 사고하고, 신중을 기해 계획을 세우는 능력이 없다면 우리는 쾌락이나 좌절감에 빠져들 위험이 있다. 자신의 감정을 제대로 통제할 수 없다면 얼마 지나지 않아 우리는 존재의 의미 자체를 잃어버리게 될 것이다.

당신의 생각을 관찰하라

당신의 생각을 자세히 관찰하라

그러면 그것은 말로 변할 것이다.

당신의 말을 자세히 관찰하라

그러면 그것은 행동으로 변할 것이다.

당신의 행동을 자세히 관찰하라.

그러면 그것은 습관으로 변할 것이다.

당신의 습관을 자세히 관찰하라.

그러면 그것은 개성으로 변할 것이다.

당신의 개성을 자세히 관찰하라.

그러면 그것은 당신의 운명으로 변할 것이다.

메트로 폴리탄 밀워키 YMCA 사보

5.
무기력은
생리학적으로 생긴다

다마시오는 정신적인 삶이 가능한 것은 이성과 감정이 공존하고자 하는 끊임없는 노력 덕분이라고 했다. 인지능력이 있고 의식적이고 합리적인 능력이 있는 뇌는 신체 밖의 세상을 향하고 있다. 그 반대로 감정과 무의식, 생존 본능을 지배하는 뇌는 몸과 깊은 연관을 맺고 있다. 이 두 개의 뇌가 각각 매우 다른 방법으로 우리 삶의 경험과 행동을 지배한다. 다윈이 예견했던 것처럼 인간의 뇌는 두 개의 커다란 부분으로 이루어져 있다. 뇌의 중심에는 다른 포유류들과 같은 뇌, 그리고 일부는 파충류와 비슷한 뇌가 자리잡고 있다. 이 부위가 처음 진화과정을 통해 자리 잡은 뇌의 부분이다. 19세기 프랑스 신경학자인 폴 브로카가 처음으로 이 부분에 대해 언급하면서 뇌에 〈변연〉이라는 이름을 붙였다. 수백만 년의 진화과정을 거쳐 오면서 변연계 주위로 새로운 뇌, 다시 말해 〈신 피질〉이 나타나기 시작했다. 라틴어로 이 말은 〈새로운 껍질〉 또는 〈새로운 포장〉이라는 뜻이다.

감정과 신체의 생리현상을 조절하는 변연계

변연계는 대뇌의 가장 중심부에 위치한다. 〈뇌 안의 뇌〉라고 부르는 이유도 이 때문이다. 피츠버그 대학의 신경 인지학 실험실의 연구 결과에 의하면, 실험 참가자에게 뇌의 가장 중심부에 있는, 두려움을 조절하는 부위를 자극하는 약물을 투입하면 감정뇌가 마치 전구가 커지듯이 반응하기 시작한다. 반면 그 주위의 신피질 부위는 아무런 반응도 보이지 않는다.

감정뇌의 조직은 신피질의 조직보다 훨씬 더 단순하다. 신피질에서 일어나는 반응과는 달리 대부분의 변연계 부위는 정보를 처리할 수 있는 신경들이 일정한 형태를 가진 막에 싸여 있지 않다. 변연계의 신경들은 서로 뒤엉켜 있다. 신피질에 비해 덜 발달된 구조 때문에 감정뇌에 의한 정보처리는 신피질의 능력보다 훨씬 더 원시적인 면이 있다. 하지만 속도는 더 빠르고 좀 더 생존의 본능에 가깝게 작용한다. 그래서 어두컴컴한 숲에서 뱀을 닮은 나뭇가지를 보면 두려운 감정을 발생하는 것이다.

뇌의 다른 기관들이 그것이 해롭지 않다는 분석을 마치기도 전에 감정뇌는 아주 부분적이고 정확하지 못한 정보만으로도 반응하는데, 이는 본능적으로 생존하려는 욕구 때문이다. 우리의 원초적인 감정들이 생겨나는 곳으로 사람의 생각, 감정, 행동에 영향을 미치게 된다. 조금 더 쉽게 말하면 어떤 상황이 발생했을 때 그 상황에 맞는 대처가 프로그램화되어 있는 곳이다. 감정뇌의 조직 자체도 신피질과는 달라 수포진이나 광견병과 같은 바이러스가 뇌에 침투해 들어오면 중심부의 뇌는 감염되지만, 신피질은 감염되지 않는다. 예를 들어, 광견병이 발작할 때 비정상적일 정도의 격한 감정이 폭발하듯 반응을 보이는 이유도 여기에 있다.

변연계는 몸의 여러 부분에서 끊임없이 정보를 받아 생리적 균형을 유지하기 위해 적절한 반응을 하도록 명령하는 조정실이다. 호흡, 심장박동, 혈압, 식욕, 수면, 성욕, 호르몬 분비, 심지어 면역 기능도 변연계의 명령체계에 따른다. 변연계는 이렇듯 몸의 여러 기능이 서로 균형 있게 활동할 수 있도록 하는 역할을 맡고 있다. 여기서 균형 상태란 19세기의 프랑스 학자이자 근대 생리학의 아버지인 클로드 베르나르가 〈호베오스타시스〉(생명체가 환경 변화에 대하여 자기 자신을 변화시켜 균형을 유지하려는 작용. 항상성이라고도 한다)라고 부르던 상태를 말한다. 생명 유지를 위해서는 이와 같은 적극적인 균형 상태가 지속되어야 한다.

이런 관점에서 보면, 인간의 감정이라는 것은 우리 신체에 대한 생리적 반응으로서, 어떤 의식적 현상의 총체이다. 이 반응은 내적, 외적 환경의 요청에 대해 생리적 시스템으로서의 인간 육체의 활동을 끊임없이 감시하고 조절하는 역할을 한다. 다시 말해 감정뇌는 인지뇌보다 신체와 더 긴밀한 관계를 맺고 있어, 감정에 가까이 다가가기 위해서는 언어보다는 육체를 통하는 것이 쉽다. 한 예를 들어보자.

마리안느는 2년 전부터 프로이트식의 전통적인 상담치료를 받아왔다. 그녀는 긴 소파에 비스듬히 누워 정서적인 면에서 남자에게 지나치게 의존하려는 자신의 문제점을 놓고 '자유롭게 생각을 정리하고'치료하기 위해 노력했다. 그녀는 남자가 자신을 사랑한다고 말할 때 더없는 행복을 느꼈지만, 반면 잠시라도 떨어져 있는 걸 견디지 못했다. 마치 어린아이처럼 고통스러워했다. 2년간 상담치료를 받은 결과, 마리안느는 자신의 문제점이 무엇인지 정확하게 깨달을 수 있었다. 어렸을 때 잘 알지 못하는 유모에게 자주 자신을 맡기곤 했던 엄마와의 관계에 대해서도 자세하게 이야기했다. 그녀는 스스로 이런 경험들 때문에 항상 불안감을 느끼는 것 같다고 했다. 그녀는 아주 현명하게 자신의 증상들에 대해 의사와 지속적으로 상담하면서 어떻게 자신의 경험들을 되살려냈는지 분석했다. 분석하는 동안에는 어렸을 때 경험했던 고통과 슬픔을 찾아내지 못했지만, 그녀의 상태는 많이 호전되었고, 그녀 스스로도 전보다 자유로워졌다고 했다.

그런데 그녀는 자신이 상담 중에 단 한 번도 눈물을 흘린 적이 없다는 사실을 알게 되었다. 상담과정 자체가 사고와 언어 치료에 집중되어 있었던 것이다. 그러다 어느 날 해수요법 치료 중의 하나인 마시지를 받던 중에 놀랍게도 예전의 고통스럽고 슬픈 감정이 되살아났다. 수련의가 등을 바닥에 대고 누워 있는 그녀의 배를 부드럽게 쓸어주고 있었다. 배꼽 바로 윗부분에 손이 닿자 마리안느는 갑자기 울컥했다. 수련의는 문제의 그 부위를 쉬지 않고 둥글게 마사지해주면서 지금 어떤 감정을 느끼는지 이야기해 보라고 했다. 잠시 후, 마리안느는 온몸을 비틀며 통곡하기 시작했다. 7살 때 맹장 수술을 하고 병원 침대에 누워 여름휴가에서 돌아오지 않은 엄마를 기다리던 때의 기억이 되살아났던 것이다. 그렇게 오랫동안 슬픔의 정체를 찾아 헤맸는데 그것이 결국 그녀의 몸 한구석에 고스란히 감춰져 있었던 것이다.

인지능력과 언어, 이성의 능력을 조절하는 대뇌피질

〈새로운 껍질〉이라고 불리는 신피질은 뇌의 특징인 주름진 표면을 이루는 부위를 일컫는다. 다시 말해 감정뇌를 감싸고 있는 덮개를 말한다. 신피질은 진화 단계에서 가장 최근에 형성된 층으로 대뇌 표면에 위치해 있다. 각기 다른 6개의 신경단층으로 이루어진 신피질은 마이크로프로세서처럼 가장 효과적으로 정보처리를 할 수 있도록 완벽한 조직을 갖추고 있다. 반면에 신피질은 몇 천분의 일 초라는 찰나적인 순간에도 아주 쉽게 사람의 얼굴을 식별해 내는 능력이 있다. 청각의 경우 태어나기도 전에 모국어와 외국어의 차이를 식별해내는 등 소리에 관한 정보처리 능력도 매우 뛰어나다.

인간의 경우 이마 뒤쪽, 눈의 윗부분에 자리 잡고있는 소위 '전두엽피질'이라고 불리는 신피질이 가장 많이 발달해 있다. 감정뇌의 크기는 종마다 거의 비슷하지만(물론 뇌의 크기에 따라 조금씩 다르긴 하지만 인간 뇌의 전두엽 피질은 다른 동물에 비해 전체 뇌에서 많은 부분을 차지하고 있다. 신피질은 전두엽피질을 매개로 주의력이나 집중력을 조절하고, 충동이나 본능을 억제하며 사회적 관계와 다마시오가 증명한 바 있는 인간의 도덕적 행동을 조절한다. 특히 신피질 덕분에 인간은 생각으로만 존재하는, 다시 말해 눈에 보이지 않고 손으로 만질 수도 없는 '상징'을 바탕으로 미래의 계획을 세울 수 있다. 신피질(인간의 인지능력을 담당하는 뇌)이야말로 집중력, 사고력, 예지력, 도덕적 행동들과 같은 인간 존립의 가장 근본적인 요소들을 관장하는 곳이다.

감정뇌와 인지뇌가 조화를 이루지 못할 경우

감정뇌와 인지뇌는 거의 동시에 외부로부터 정보를 받아들인다. 이때 두 개의 뇌는 서로 협조하거나 아니면 경쟁하게 된다. 감정과 행동이 엇갈릴 때 다툼이 일어난다. 이와 같은 상호작용의 결과(협조관계이거나 경쟁관계)가 바로 우리가 외부세계나 다른 사람과 맺고 있는 관계에 대한 감정들을 결정하는 것이다. 이 관계가 경쟁 관계일 때 우리는 불행하다는 느낌을 갖게 된다. 반대로 감정뇌가 우리를 감정적으로 느끼고 싶어 하는 방향으로 이끌어주고, 인지뇌가 가장 현명하게 이 방향으로 나아갈 수 있도록 해줄 때 우리는 내적인 조화로움을 느끼게 된다. '원하는 대로 느끼고 현명하게 판단한다'-

바로 이럴 때 사람은 평안함을 느낀다.

감정의 단절

지금까지 인류의 진화는 가장 필수적인 것을 중심으로 진행되어 왔다. 진화는 무엇보다 한 세대에서 다음 세대로의 유전자인 생존과 전이의 문제이다. 지난 수백만 년 동안 형성되어 온 뇌가 아무리 복잡하다고 해도, 집중력과 추리력 그리고 자신을 돌아보는 능력이 아무리 뛰어나다고 해도 만약 이런 능력들이 호랑이나 그 밖의 위험한 적을 감지하는 데 방해가 된다거나 종족 보존의 욕구를 느끼지 못하게 한다면 아마 인간이라는 존재는 이미 오래전에 사라졌을 것이다.

다행히 감정을 지배하는 뇌는 항상 깨어 활동하고 있으며, 주변 환경을 감시하고 있다. 위험을 감지하거나 생존을 위해 꼭 필요한 기회가 오면 -예를 들어 도움을 주고받을 동료, 필요한 구역이나 사물을 발견 시- 이 부위는 즉각적으로 몇 천 분의 일이라는 찰나에 인지뇌의 모든 작용들을 삭제해버리는 긴급 상황을 발동시키고, 활동을 중단한다.

이렇게 해서 뇌로 하여금 생존에 필수적인 것에만 몰두할 수 있게 한다. 운전을 할 때 운전석 옆자리에 앉은 사람과 계속 대화하는 상황에서도 우리가 달려드는 트럭을 무의식적으로 알아볼 수 있는 것도 같은 맥락이다. 감정뇌가 위험신호를 울려 위험이 사라질 때까지 우리의 관심을 집중하게 한다. 카페 테라스에서 열심히 이야기를 나누던 두 남자가 미티스커트를 입은 맥락이다. 공원에서 이상한 개가 자기 아이 쪽으로 가까이 다가가는 것을 얼핏 보자마자 그 부모가 갑자기 하던 행동을 멈추고 조용해지는 것도 마찬가지다.

예일대학의 파트리시아 골드만-라킥 연구진은 감정뇌가 인지뇌의 가장 발달된 부분인 전두엽피질을 단절하는 능력이 있다는 사실을 밝혀냈다. (컴퓨터 용어에서처럼 영어로 표현하면 '오프라인'으로 만들기.) 심각한 스트레스를 받을 때 전두엽피질은 더이상 반응하지 않고 행동을 조절하는 능력을 잃어버린다. 그때 본능적이고 반사적인 행동이 먼저 나타난다. 긴급 상황에 직면할 때 인간은 훨씬 빠르고 반사적인 반응을 보이도록 진화해 왔다. 그것은 마치 생존의 문제에 직면했을 때 감정뇌가 인지뇌보다 우리를 더 잘 보호하도록 작용하는 것과 똑같다.

우리의 옛 조상들은 야생의 대자연에서 살아왔다. 그때 이와 같은 긴급 시스템의 작동은 필수적이었을 것이다. 호모사피엔스가 출현한 뒤 수백만 년이 지난 오늘날 역시 일상생활을 영위하는 데도 이 시스템은 놀랍도록 유용하다. 하지만 인간의 감정이 지나치게 폭발할 때 감정뇌가 인지뇌보다 앞서서 우리의 사고 기능을 통제하기 시작한다. 그렇게 되면 우리는 자연스러운 사고의 흐름을 통제하지 못하고 결국 적절하지 못한 행동을 하게 된다. 좋지 않은 일이 있거나 우울하거나 아니면 감정적으로 심한 충격을 받아 '화가 치밀어 오르는' 느낌이 날 때가 바로 이런 때이다. 이것은 신체적으로나 성(性)적으로, 또는 단순히 감정적 피해를 받은 사람들이 보이는 '지나치게 예민한 기질'을 설명해준다.

치료 과정에서 감정적 단절이 일어나는 경우는 대개 다음의 두 가지 경우이다. 첫 번째는 '외상후스트레스장애(PTSD)'라고 불리는 것으로 강간이나 지진과 같은 심한 충격으로 인해 감정뇌가 지나치게 성실한 파수병이 되어 항상 깨어 있는 경우이다. 마치 위험하지 않은 상황은 있을 수 없다는 듯이 너무 자주 긴급 상황을 발동시킨다. 다음의 예가 그 경우이다. 911테러에서 살아남은 한 여자가 피츠버그 센터에서 치료를 받았다. 그녀는 테러 사건이 발생한 지 수개월이 지났는데도 빌딩에 들어갈 때마다 몸이 마비되는 것 같다고 호소했다.

두 번째는, '불안장애'로, 심리학에서 '공포장애'라고 불리는 유형이다. 선진국에서는 20명 중 한 명이 공포장애를 겪고 있다. 공포장애를 겪는 환자들은 곁으로 일어나는 증상들이 너무 심하기 때문에 바로 발작이 일어날 것 같다고 호소한다. 변연계가 갑자기 신체기능을 통제하는 것이다. 심장 박동이 빨라지고, 위가 뒤틀리는 것 같고, 손과 발이 떨리고, 곳곳에 땀이 맺힌다. 동시에 아드레날린이 과다 분비되면서 인지능력이 마비된다.

아무리 인지뇌가 긴급 상황이 아니라고 해도 소용이 없다. 아드레날린에 의해 '단절되어있는 한' 벌어지는 상황에 대처할 능력이 없기 때문이다. 이와 같은 불안장애를 경험한 사람들은 그때의 상황을 이렇게 표현한다. "머리가 텅 비어버리는 것 같아요. 아무 생각도 나지 않아요. 오직 나는 죽어 가고 있구나. 앰뷸런스를 불러줘. 제발 당장…이런 생각뿐이죠."

인지능력의 마비

우리는 인지뇌가 감정을 조절해주기 때문에 광폭한 폭군처럼 본능과 반사작용에만 의존하지 않고 살아갈 수 있다. 스탠퍼드 대학이 발표한 뇌 사진을 보면 이와 같은 대뇌피질의 역할이 잘 나타난다. 학생들에게 짓이겨진 몸이나 얼굴 등 아주 끔찍한 사진을 보여 주자 그들의 감정뇌 부위가 즉각적으로 반응하기 시작했다. 하지만 그들이 감정을 통제하려고 노력하는 동안 촬

영된 뇌 사진에 대뇌피질 부위가 가장 두드러지게 나타나는 것을 볼 수 있다. 이 부위가 감정뇌의 모든 활동을 저지하는 것이다. 하지만 감정을 너무 의식적으로 통제하게 되면 감정뇌가 보내는 구조 신호를 듣지 못할 위험이 있다.

어렸을 때 감정 표현을 제대로 하지 못하고 성장한 사람들은 지나치게 감정을 통제한다. 예를 들어 "남자는 우는 게 아니야."라는 소리를 수십 번씩 들으며 성장한 사람은 결국 울어서는 안 된다고 세뇌당한다.

감정을 지나치게 통제할 경우, 적절한 반응을 보이지 못하는 무감각한 기질이 될 수 있다. 게다가 감정적인 정보를 충분히 접하지 못한 뇌는 여러 가지 다른 문제에 직면할 수도 있다. 이런 사람은 내면 깊은 곳에서 자신이 진정으로 원하는 것을 느끼지 못하기 때문에 쉽게 결정을 내리지 못한다. 내면 깊은 곳이란 심장과 배를 일컫는데, 이 부분이 바로 감정의 '내장 속'울림이 퍼지는 부위이다.

사실 우리는 종종 힘든 직장 생활과 그다지 평화롭지 못한 결혼생활 때문에 고통스러워할 때가 있다. 단지 밖으로 드러나지 않은 고통이기 때문에 당장 느끼지 못하고 있을 뿐, 고통 자체가 없는 것은 아니다. 우리의 몸이 감정뇌의 주요 행동 부위이기 때문에 이와 같은 어려움은 신체적 문제로 나타난다. 그 증상은 이유를 알 수 없는 피로감, 고혈압, 감기 또는 계속 재발하는 여러 가지 감염 증상, 심장질환, 장질환, 피부질환 등과 같은 전형적인 스트레스 증상들이다. 버클리 대학에서 이러한 현상을 연구한 결과, 부정적 감정 그 자체보다 인지뇌가 부정적 감정을 억압함으로써 심장과 동백에 더 과중한 부담을 준다는 사실을 밝혀냈다.

땅벌

기체역학론적인 측면과
항공기 모형제작 실험에 의하면
땅벌은 절대 날아갈 수가 없습니다.
그 이유는
몸의 크기에 비해 날개의 크기가 너무 작아서
땅벌이 날아가는 것을
불가능하게 하기 때문입니다.
그러나 땅벌은
이러한 과학적 사실과는 전혀 무관한 듯
어디로든지 날아다니며
또 매일매일 조금씩 꿀을 저장합니다.

미국의 제너럴 모터스 공장 표지판에서

6.
편리의 노예가 된 사람들의
병리적 현상

　4차 산업혁명시대와 맞물려 엔데믹시대를 살아가고 있는 우리의 생활은 점점 더 편리해지고 있는 데 반해 그 편리가 때로는 불편이 되어가고 있다. 스마트폰 배터리가 떨어지고 나면 통화도 인터넷도 할 수가 없는 상황들이 어느새 우리에게는 불편함으로 다가왔고, 그 불편함에 적응하지 못하게 되는 것이 더욱더 불편을 가중시키게 된다. 세상은 우리에게 더 편리함을 제공하는데 그 편리함이 때때로 우리를 불편하게 하는 이유는 무엇일까?

　『편안함의 배신』의 저자 마크 쉔 박사는 2년 넘게 딸꾹질로 고통받는 미카엘이라는 60세 노인을 치료했다. 추운 핀란드 북부 출신 미카엘은 15초에서 20초마다 딸꾹질을 하고 있었는데 설상가상으로 엉터리 영어를 구사했다. 쉔 박사 자신도 추운 곳에서 살아 본 경험이 있다고 말하자 마카엘의 입가에는 미소가 지어졌다. 쉔 박사는 미카엘의 딸꾹질 원인이 추위와 관련이 있다고 생각하여 최면 기술과 함께 더 깊은 대화를 이어갔다. 그는 미카엘이 자기 몸에서 다른 신체적 감각을 경험하게 도와주면 이 새로운 감각이 딸꾹질 반사와 연합해서 결국 딸꾹질을 차단해줄 것이라는 생각이 들었다. 쉔 박사는 그와 눈(雪)에 관한 이야기를 나누었고, 가끔 너무 추워지면 감각이 거의 다 사라질 때도 있지 않으냐는 얘기를 했다. 추위도 너무 추워서 하던 것도 다 집어치우고 그냥 쉬고만 싶어진다고 말했다. 10분도 지나지 않아 미카엘의 딸꾹질은 완전히 사라졌고, 두 번 다시 돌아오지 않았다.

생물학에 대한 낡은 가정들을 바꾸고 새로운 관점에 마음을 열려면 때로는 이런 극적인 사건이 필요하다. 이런 새로운 관점을 통해 우리가 기능하는 방식을 이해하고, 간단한 심신 기법의 도움만으로도 질병이나 기능 이상을 지속시키는 악순환에서 빠져나올 수 있음을 알 수 있다. 미카엘의 경험을 통해 쉔 박사는 몸이 어떠한 틀에 사로잡히면 그 손아귀에서 쉽게 빠져나오지 못한다는 사실을 분명히 이해하게 되었다.

결국, 이런 틀은 습관으로 자리 잡게 되고, 우리는 마치 고장 난 레코드처럼 특정한 방식으로, 반복적으로 반응하게 된다. 하지만 우리 몸이 새로운 감각을 경험하도록 가르치면 새롭고 생산적인 신경 네트워크가 구축되고, 건강으로 이어지는 길을 찾아낼 수 있다. 그렇다면 미카엘이 끝도 없이 딸꾹질하게 된 원인은 대체 무엇일까? 사실 오랫동안 지속된 증상 중에는 처음에는 별것 아닌 것으로 시작했다가 결국 수그러들 줄 모르고 지속되는 경우가 많다.

이를테면 감기에 걸렸다가 기침이 떨어지지 않고 끈질기게 달라붙어 있기도 하고, 배탈이 한 번 난 후로는 아프기 직전에 먹었던 음식에 대해 오랫동안 혐오감을 갖게 되거나, 운동 중 부상을 당하고 나서 결국 완치되었다고는 하는데 통증이 지속되고, 그 통증을 설명할 만한 병리학적 이유가 발견되지 않는 경우 등이다. 사실 이런 현상들은 일단 증상을 처음 야기한 원인이 사라지고 난 후, 새로운 기폭제가 등장하며 그 증상들에 부채질을 하기 때문에 생기는 것이다.

그리고 '불편(discomfort)'은 상당수의 사람에게 바로 이런 기폭제 역할을 한다. 이 불편은 뇌와 몸에 새로운 네트워크를 만들어내고, 이 네트워크가 증상을 지속적으로 키운다. 놀랍게도 이런 불편은 한 증상이 점차 커져서 완전히 뿌리 내리기 전까지는 정신적 레이더에 감지되지 않는다. 미카엘의 경우가 바로 이러했다. 불편을 제대로 관리하지 못하고 몇 년을 보낸 결과 그는 거의 끊임없이 지속되는 딸꾹질로 뇌수술까지 받아야 할 지경에 이르게 된 것이다. 나중에 알게 된 일인데 그는 딸꾹질이 발작적으로 일어나기 전에 삶에서 큰 상실을 경험했다고 한다.

일부 사람들은 상심이나 두려움에 대한 반응으로 딸꾹질이 일어나기도 한다. 하지만 대부분 경우 이런 딸꾹질은 빠른 시간 안에 해소된다. 하지만 마카엘의 경우 그렇지 못했다. 고뇌가 커지면서 계속해서 딸꾹질을 키웠고, 이것이 두뇌 패턴으로 새겨져 결국 발작까지 일으키는 악순환으로 자리 잡고 만 것이다. 불편과 두려움은 사람들을 비생산적이고 만족스럽지 못한 행동 패턴의 노예로 만들어 버린다.

우리는 당장이라도 질식할 것처럼 세상을 살고 있다. 분명 그렇게 느껴서는 안 될 세상인데도 말이다. 우리를 행복하고, 편안하고, 안전하게 만들기 위해 여러 가지 상품과 서비스가 물 밀듯 쏟아져 나오고 있는데도 우리는 좀처럼 만족하지 못하고, 조금이라도 힘들 기색이 보여도 신체적, 정서적으로 위협을 느낀다. 그 결과 우리는 더욱 커진 불편과 두려움에 대처하려고 허둥대는 과정에서 오히려 증상이나 질병을 키우는 일이 더 많아졌다. 즉, 중독에 빠질 위험도 커졌고, 인간관계에서 심각한 장애를 겪을 위험도 커졌다. 간단히 말해서 세상은 점점 더 편리해지는데 우리는 점점 더 불편해지고 있다. 편한 세상이 오면 늘 안락하고, 건강하고, 행복해질 줄만 알고 있었는데 말이다.

과학 기술의 발전으로 생활이 더욱 편해지고 여러모로 더 나아진 마당에 왜 우리 내면의 편안구역(comfort zone)은 더 비좁게만 느껴질까? 주위를 둘러보면 오늘날 사람들이 느끼는 두려움의 깊이가 20년 전보다 훨씬 더 깊어진 것을 알 수 있다. 쉔 박사는 이것을 '편안의 역설(comfort paradox)'이라고 부른다. 모든 측면에서 생활이 점점 더 편해지고 있음에도 우리는 불편에 점점 더 과민해지고 있는 것이다. 이 '편안의 역설' 중심에는 불안을 일으키는 외부적 영향이 자리 잡고 있다.

인간의 마음은 우리 몸에서 발생하는 신체적.정신적 증상들을 무시하고, 최소화하고, 심지어 자기 일이 아닌 것처럼 분리하는 탁월한 능력이 있다. 어쩌면 이런 능력 덕분에 우리가 적응력이 뛰어난 종이 될 수 있었던 것인지도 모른다. 생활을 더욱 쉽고 편안하게 만들어 주는 것들을 점점 손에 넣기 쉬워지고 있음에도 불구하고 우리의 행복지수는 좀처럼 올라갈 기미를 보이지 않고 있다. 최첨단 기술 시대라는 지금, 어째서 비만, 우울증, 공황장애, 수면장애, 자가면역질환, 알레르기, 만성통증, 심장질환, 위장관질환, 암, 만성 피로 같은 증상이나 질병들이 그 어느 때보다도 활개를 치고 있을까? 이것이야말로 정말 역설이 아닌가? 질병에 대한 치료가 이루어지고 있지만, 그 거대한 흐름을 막기에는 역부족이다. 그렇다면 혹시 우리가 무언가 중요한 요소를 간과해 온 것은 아닐까?

두 갈래의 물

로키산맥 언저리에는

두 갈래의 물이 동과 서로 흐르고 있다.

그 거리는 불과 몇십 미터이지만

나중에는 수천 마일의 간격이 벌어진다.

출발점에는 거리를 모르지만

그 방향을 어디로 잡았느냐에 따라서

그 사람의 운명은 커다란 차이를 낳게 된다.

롱펠로
....

7.
사회구조가
집단 무기력을 부른다

얼마 전 모 대학의 교수가 피해 학생의 얼굴에 호신용 스프레이를 뿌려 화상을 입히고 야구방망이로 폭행하는 것도 모자라, 인분을 강제로 먹이는 등 피해자에게 2년여 동안 폭행 및 가혹 행위를 한 사건이 있었다. 대한민국을 떠들썩하게 했던 소위 '인분 교수' 사건은 힘과 권위에 저항하지 못하는 강자와 약자의 실상을 잘 보여주는 사례다. 이 사건을 두고 국회의원이자 범죄과학연구소장 표창원은, 과거 SBS '그것이 알고 싶다'에 출연해 "어떤 것이 그 시대, 그 상황에서 한 인간이 선택할 수 있는 가장 괴롭고 고통스러운 것이며 인간의 권리, 인격, 자존심 이것의 가장 밑바닥에 있는 것인가"라고 인분 교수 사건에 대해 언급했다. 이어 "그게 지금 우리 시대에서는 아마 인분이라고 볼 수 있을 것"이라고 덧붙여 눈길을 끌었다.

또 하나 온 국민에게 트라우마(Trauma: 정신적 충격, 심리적 상처)를 안겨준 '세월호'사건은 통제하지 못하는 인간의 무기력함을 여실히 보여주는 사건이다. 이 사건은 피해자뿐 아니라 가족, 친척, 친구 등 주변의 소중한 사람들의 기억 속에 평생 아물지 못할 고통을 안겨주었다.

연합뉴스(세월호 유족 절반 외상 후 스트레스…자살 시도도 2016.07.20.) 자료에 의하면 세월호 참사 당시 희생된 피해자들의 유가족과 생존자들의 상당수가 정신적, 신체적 이상 증상을 겪는 것으로 조사되었다. 특조위가 작년 1월부터 6월까지 안산 단원고 희생 학생 유가족 145명을 심층 면접 조사한 결과에 따르면 외상 후 스트레스 장애를 호소한 유가족은 145명 중 79명으로 59%에 해당한다고 했다. 그로 인해 자살을 생각해 본 유가족의 비율도 42.6%에 달해 평균치인 2~5.6%에 비해 현저하게 높은 것으로 나타났다. 실제로 자살을 시도한 경험자도 4.3%로 일반인 평균치의 0.2%~0.9%에 비해 매우 심각한 수준이라고 특조위 측은 설명했다. 세월호 참사 이전에 없던 신체적 이상도 생겨나 상당수가 전신피로(80.9%), 수면장애(75.4%), 두통(72.7%)등 스트레스로 인해 고통을 겪는 것으로 조사되었다. 참사가 있기 전에는 81.3%에 해당하는 116명이 직장에 다니고 있었지만, 이들 중 75명이 참사 후 트라우마 등으로 직장을 그만뒀다.

조사를 진행한 아주대 산학협력단 조선미 교수팀은 "참사가 있은 지 2년이 지났는데도 피해자 지원 등의 문제가 해결되지 않아 생각이나 감정이 참사 당시에 머물러 있다."라고 해석했다. 특히 이 조사에서는 생존자들이 겪고있는 정신적, 신체적 고통이 소개되었는데 단원고 학생 중 일부 생존자는 "평범한 20대로 돌아가는 것이 목표"라고 말했고, 인간관계를 맺는 데 어려움을 겪는 것으로 조사되었다. 조사에 참여한 이화여대 양옥경 교수팀은 "정신건강 문제는 단기간에 치료 효과가 나타나는 것이 아닌 만성적 문제"라면서 "지속적, 장기적으로 피해자들을 관리하는 전문상담가와 사례 관리자가 필요하다."라고 강조했다.

세월호 사건의 고통이 아직도 가시지 않고 있는 현실에서 한국 교직 사회가 경제협력개발기구(OECD) 중 최악의 집단 무기력증에 시달리고 있다는 조사 결과는 더욱더 충격적이다. 한국 중학교 교사 중 '교사가 된 걸 후회한다.'라고 답한 비율이 20%로 OECD 34개 회원국 중 1위다. '다시 직업을 택한다면 교사는 되고 싶지 않다.'라고 답한 비율도 스웨덴(46.6%)과 일본(41.9%)에 이어 3위(36%)다. OECD가 회원국 10만5000여 중학교 교사를 조사해 발표한 '교수·학습 국제 조사(TALIS) 2013'보고서를 분석한 결과다. 여전히 많은 교사가 열정을 불태우고 있지만, 상당수 교사는 냉소주의와 좌절감에 빠져 '탈진증후군'을 겪고 있다는 뜻이다.

공교육이 무너지면서 교사의 권위와 재량이 줄어들고 학부모와 학생들에게 무시당하는 일이 자주 발생하면서 학교 현장의 교사들이 느끼고 있는 증상이다. 교사들이 느끼는 '번아웃 신드롬'이라 할 수 있겠다. 한국 사회에서 교직은 안정성이 높고 봉급 수준도 세계 최상위권이며 퇴직 후 연금을 받는 선망의 직종이지만 적잖은 교사들이 무기력증에 시달리고 있다.

한 초등학교 교장은 2015년 2월 "학생끼리 몸싸움이라도 나면 요즘은 대형 로펌에 의뢰해 소송을 하는 부모도 있다. 교장이 부모 앞에서 무릎을 꿇기도 한다."라고 증언했다. 한 고교의 교사는 "수업 시간에 '학원에서 배웠다.'라고 하는 학생들을 통제할 수단도 마땅치 않다"고 토로했다. 교육계의 경직된 문화와 수업 준비보다 많은 시간을 써야 하는 행정 업무가 교사를 무기력하게 만든다는 지적도 있다. 한 중학교 교사는 "학기가 시작되면 행사만 10개 넘게 준비해야 하는데 벌써부터 부담"이라며 "교육청에서 내려오는 공문을 처리하고 회의에 참석하다 보면 '왜 교사가 됐는지' 자괴감이 든다."라고 했다.

교사 무기력증 때문에 명예퇴직을 신청하는 교사들도 늘고 있다. 2015년 1월 교육부가 밝힌 명퇴 신청자는 1만 2,591명으로, 2013년에 견주어 2배 가까이 증가했다. 김성기 협성대 교육대학원 교수가 2012년 진행한 조사에서 응답 교사(371명)의 73%는 명예퇴직의 이유로 '학생 생활지도의 어려움 증가'(복수 응답)를 '연금개혁에 대한 불안감(25.6%)'보다 높게 생각했다.

어떤 직종이든 5명 중 1명 정도는 자신이 선택한 직업에 만족하지 않을 가능성이 크다면서 교사 무기력증에 과민 반응할 필요가 없다는 견해도 있지만, 교사 무기력증을 우려 섞인 시선으로 보는 견해가 많다. 『중앙일보』 2015년 2월 10일자 사설 「최악의 집단 무기력에 빠진 한국의 교사들」은 교사들의 자존감 고취와 사기 진작은 2세 교육의 품질 유지·향상을 위해서도 반드시 필요하다면서 이렇게 말했다.

"'죽은 교원의 사회'가 어떻게 미래 세대를 키울 신바람 나는 교육 현장을 만들 수 있겠나. 선생님들이 열정적으로 학생들을 가르칠 수 있는 교육 문화 마련은 우리 시대의 과제다."

이처럼 사람됨의 중심이 되는 학교에서뿐 아니라 각자의 삶터인 직장에서도 업무의 압박과 스트레스로 인해 마음의 병을 안고 살아가는 사람들이 점점 더 많아지고 있다. 무엇보다 조직 내 업무의 처리 시스템과 속도가 디지털화되고 고도화되다 보니, 사람들에게 정신적, 심리적, 환경적으로 불안함과 조급함이 더욱 가중되고 있다.

지금

지금 미래가 보이지 않는 것은
미래가 없기 때문이 아니라
미래가 보이지 않기 때문이다.

작자 미상

8.
누구도 예외일 수 없다

　누구나 인생에서 성공을 꿈꾸고 행복한 삶을 살기를 원한다. 하지만 그 성공과 행복은 개인의 능력에 따라 확연히 달라진다. 중요한 것은 성공과 꿈을 성취하기 위해서는 반드시 '실행(Acting)'해야 하는데 무기력하고 게으른 사람들, 우울한 사람들에게는 성공과 꿈은 그저 먼 나라 이야기일 뿐이다. 사전에서는 무기력(無氣力)을 '의욕이나 활력이 없음'으로 정의한다. 우리가 흔히 말하는 '무기력하다'라는 말은 '(사람이) 의욕이나 영향력 따위가 없다.'라는 말로 해석할 수 있다. 무기력증(無氣力症) 또한 '무엇을 하고자 하는 적극적인 의지와 기운이 없는 상태에 빠져 있는 증상'으로 대부분의 무기력한 사람들이 이러한 증상을 경험하고 있다. 한마디로 무기력한 삶 자체를 무력(無力)하게 만들 수 있는 무기가 없는 상태다.

　앞서 2장에서 언급했던 것처럼 인지과학자 박경숙의 『문제는 무기력이다』에서는 '학습된 무기력'의 권위자 마틴 셀리그만의 연구를 근거로 무기력은 단순히 건강이 나빠졌다거나 피로가 누적될 때 나타나는 신체적인 기력 없음이 아니라 심리적인 무기력으로 '의욕 없음'이라 정의했다. 즉, 어떤 일을 실행할 수 있는 에너지가 없는 의욕이 상실된 상태라고 말했다. 그녀는 꿈과 희망은 있지만 정작 자신이 원하는 것에 집중하지 못하고 잡다한 일에만 매진하는 '은밀한 무기력'과 누구나 일상에서 경험하는 걱정이나 스트레스, 질병,

또는 결과에 대한 중압감 등을 의식할 수 있는지에 따라 '의식하는 무기력'과 '무의식적인 무기력'으로 구분했다. 특히 '무의식적인 무기력'은 어린 시절 부모의 양육 방식, 환경적인 영향, 본인의 기질과 성격, 성장과 발달 과정에서 배운 것이 영향을 미치기에 가장 문제가 된다고 했다. 필자 또한 무기력의 종류 중에서 악성이라고 할 수 있는 '무의식적인 무기력'의 노예로 살아왔음을 부정할 수 없다.

또한, 무기력 상태가 지속되는 정도에 따라, 무기력한 시간이 비교적 짧으면서 평소보다 에너지가 현저히 저하되거나 갑자기 좋지 않은 상황에 맞닥뜨렸을 때 느끼는 '급성 무기력'과 심리적인 원인이나 만성 질환에서 비롯된 '만성 무기력'으로 분류했다. 그러면 급성 무기력과 만성 무기력에서 비롯되는 증상을 박경숙의 『문제는 무기력이다』의 '페툰인디언 이야기'를 통해 살펴보자.

인디언들끼리 치열한 전쟁을 벌이던 1659년, 어느 겨울에 일어난 일이다. 미국의 남부 조지아에 세인트 진이라는 마을이 있다. 이곳에는 페툰(Petun) 인디언이 살고 있었는데 이들은 때마침 중대한 결정을 내렸다. 페툰 인디언들의 오랜 적 이로쿠오스(Iroquois)족의 침략을 완전히 봉쇄하기로 한 것이다. 인디언들 사이에서 선발된 페툰 전사들은 이로쿠오스족과 전쟁을 하기 위해 길을 나섰다. 그들은 며칠 동안 이로쿠오스족을 찾아내려고 노력했지만, 그 어디에서도 적군을 발견하지 못했다. 한참 헤매던 전사들은 결국 허탕만 치고 돌아왔다.

그런데 이게 어떻게 된 일인가? 마을이 완전히 불타버려 형체를 알아볼 수 없게 된 것이었다. 더불어 전사들이 목숨 걸고 지키려 한 부녀자들과 아이들, 노인들이 갈기갈기 찢긴 채 죽어 있었다. 충격적인 광경을 본 전사들은 말을 잃었다. 그들은 그 자리에 주저앉아 신음만 내뱉을 뿐 손가락 하나도 움직일 수 없었다. 어느 누구도 이로쿠오스족을 쫓아가 복수하고 포로들을 구해 오자고 말하는 사람이 없었다. 전사들은 한나절 동안 단 한마디도 하지 못했다.

위에서 살펴보았듯이 페툰 인디언들은 이로쿠오스족의 급습을 전혀 예상도 할 수 없었고, 대항 또한 할 수 없었다. 그래서 더 크나큰 참변으로 받아들일 수밖에 없던 것이다. 마틴 셀리그만은 이것을 '재앙징후(Disaster Syndrome)'라고 했다.

종족 전멸을 당한 페툰 전사들의 이야기처럼 필자 또한 아버지의 죽음보다도 죽기 전의 살기 위한 몸부림이 더 큰 충격으로 받아들여져 급성무기력증을 겪었다. 불과 몇 년 전까지 급성무기력을 치료하지 않고 하루하루를 살아내기 위한 몸부림의 연속으로 외상 후 스트레스 장애와 같은 만성 무기력의 노예가 되었었다. 얼마 전 수천 명의 목숨을 앗아갔던 네팔 대지진이나 일본의 쓰나미, 걸프전과 같은 전쟁에 참전했던 군인들, 대한민국을 슬픔에 빠뜨린 세월호와 천안함 사건들이 유사한 예라고 할 수 있다.

사람의 마음

못을 박을 때는 흔들거려 빠져버릴 것을 걱정하고
못을 빼려고 할 때는 빠지지 않을까 걱정한다.
빗장을 걸 때에는 단단히 잠기지 않을까 걱정한다.

빗장을 풀 때는 쉽게 풀리지 않을까 걱정한다.

그것이 사람의 마음이다.

이와 같은 사람의 마음은

어떤 상황에서도 꼬리에 꼬리를 무는 걱정 때문에

한시도 근심에서 자유로울 수 없다.

뤼신우

9.
무기력은
게으름과 구별된다

    누구나 '나는 왜 이렇게 게으를까?'라는 고민을 한다. 사전에서는 게으름을 '행동이나 일 처리가 느리고 일하기 싫어하는 버릇이나 성미'라고 정의한다. 정신과 의사 문요한은 그의 저서 『굿바이 게으름』에서 게으름을 판단할 때는 '삶의 방향성이 있느냐 없느냐'와 '해야 할 일을 하지 않고 중요하지 않은 일에 매달리는 모습'이라고 했다. 이는 박경숙 박사의 『문제는 무기력이다』에서 중요한 일을 하지 못하고 그 주변 일에만 에너지를 쏟는 '은밀한 무기력'과 유사하다고 할 수 있다.

    『굿바이 게으름』의 저자 문요한은 게으름은 행위 자체가 아니라 태도, 즉 능동성(Activity)에 의해서 구분된다고 말했다. 한마디로 각자가 삶을 대하는 태도에 있어 적극적이냐 적극적이지 못하냐는 말로써 '게으름이란 삶의 에너지가 저하되거나 흩어진 상태'로 '작은 게으름'과 '큰 게으름'으로 분류했다. 작은 게으름이란 '삶의 주변 영역에서 에너지가 저하된 상태'를 말한다. 주변 영역이란 옷을 벗어놓고 잘 치우지 않는다든가, 잘 씻지 않는다든가, 정리 정돈을 잘 못한다든가, 아침잠이 많다든가 하는 삶을 유지해주는 일상적 활동을 뜻한다. 결국, 핵심은 모든 일을 열심히 하는 것이 아니라 중요한 일을 열심히 하는 것이다. 큰 게으름은 '삶의 중심 영역에서 에너지가 저하된 상태'를 말한다. 여기서 말하는 중심 영역의 핵심은 더 나은 삶을 추구하는 지향성에 있다. 즉, '발전적인 미래지향성'을 삶 속에 간직하고 실천하고 있는가를 기준으로 게으름을 나눈다. 이런 기준으로 보면 하루를 열심히 사느냐 안 사느냐가 중요한 것이 아니다. 오늘 하루가 내일로 연결되어 삶의 지향성을 갖느냐, 아니면 그냥 하루하루의 연속일 뿐이냐가 중요하다. 게으른 사람들에게 내일은 오늘의 반복일 뿐이다. 그들은 하루하루를 연결할 끈이 없거나 있더라도 너무 부실한 사람들이다.

이렇듯 앞에서 언급한 무기력과 게으름은 삶의 전반적인 영역에서 사람을 건강하게 기능할 수 없게 한다. 자신이 속해 있는 직장에서도 업무에 관련해 두각을 나타내지 못하게 하고 성과 또한 만족스럽지 못하게 한다. 무기력한 사람과 게으른 사람들은 공통적으로 무언가를 목표로 해서 당장 '실행할 수 있는 내면의 힘을 상실한 상태'이기에 이것을 찾게 만들어 주어야 한다.

무지는 비극이다

정규교육은 생계를 해결해주고
자기 교육은 번영을 가져다준다.
책을 읽지 않는 사람은 정신에 곰팡이가 슬게 된다.

한 끼만 굶어도 우리 몸은 난리가 나는데
정신을 위하여 아무것도 하지 않으면 고사하고 만다.
정신도 인스턴트 음식만 가지고는 버틸 수 없다.

상상력의 위대성은 끝과 한계를 모르는 데 있다.

당신이 더 나은 미래를 위하여

가꾸고 성공하는 데 필요한 것은 모두 책에 실려 있다.

모르는 것은 약이 아니다. 모르는 것은 병이다.

무지는 빈곤과 파멸을 가져온다. 무지는 비극을 불러온다.

무릇 성공하려면 독서를 많이 해야 한다.

무지를 일깨워 지혜를 발산하도록 해야 한다.

우리 인생의 모든 문제는 무지로부터 온다.

짐 론

10.
물질적인 풍요가 가져온
병리적 현상

얼마 전 세계 15개국을 대상으로 어린이의 삶에 대한 만족도를 조사[아시아경제신문/2015.5.17]한 결과 한국 어린이는 물질적으로만 풍요로울 뿐이었다. 외신은 전 세계 15개국 10~12세 어린이 53,000여 명을 대상으로 삶에 대한 만족도를 조사한 결과 한국이 15위를 차지했다는 조사 결과를 보도했다. 연구팀은 각 나라 아이들의 물질적인 풍요로움과 삶에 대한 만족도의 상관관계를 파악하기 위해 좋은 옷, 컴퓨터, 인터넷 접근성, 휴대폰, 자기만의 공간, 책, 자가용, 음악재생기, TV 등 9개의 항목 중 어떤 것을 가지고 있는지 파악하는 동시에 삶에 대한 만족도를 조사했다.

조사 결과에 따르면 한국의 아이들이 9개 항목 중 8.5개를 가지고 있어 노르웨이(8.8개)에 이어 물질적인 풍요로움이 두 번째로 크지만, 삶에 대한 만족도는 가장 낮았다. 이는 아이들의 물질적 풍요로움이 삶에 대한 만족도와는 상관관계가 낮다는 것을 뜻한다. 한편 아이들의 삶에 대한 만족도와 성인의 만족도의 순위도 낮은 상관관계를 보였다. 한국 어린이들의 삶에 대한 만족도는 최하위인 데 반해 성인의 만족도는 7위를 기록했다.

연구팀은 세계적으로 유명한 한국의 학구열이 어린이들에게 부담으로 작용한 결과라고 해석했다. 부모들은 아이에게 물질적 풍요로움을 제공하며 사랑이라 하지만, 사랑이라는 이름의 무의식적인 학대일 수 있다. 왜냐하면, 받는 것을 당연하게 생각하는 아이들에게 물질적으로는 풍족한 환경을 주었지만, 불편을 모르고 자라는 아이들의 내면에는 문제해결능력, 자기조절능력, 대인관계능력, 회복탄력성 등과 같이 행복한 삶을 사는데 필요한 자원들이 형성될 공간은 점차 줄어들었기 때문이다.

심지어 어느 초등학생이 장래 희망에 '7급 공무원'이라고 적었다는 얘기가 있을 정도로 "자식이 공무원이 되면 두 발 뻗고 잘 수 있겠다(한국일보/2015.04.08)."라고 말하는 부모들도 적지 않다. 고위직으로 향하는 관문인 고시는 그렇다손 치자. 권력이나 출세와는 거리가 다소 먼 중하위직 임용시험이 지금은 더 치열하다. 지난해 7급과 9급 공무원 시험의 평균 경쟁률은 약 80대 1에 달했다. 7급은 730명 모집에 6만1,252명이, 9급은 2,150명 모집에 16만4,887명이 지원했다.

또한, 정권이 바뀔 때마다 정부는 해외 일자리를 발굴해 해마다 청년 1만 명을 해외로 보내겠다고 공언했다. 하지만 청년들의 반응은 싸늘하다. 과거 사례를 보면 해외까지 가서 '열정 페이'(열정을 구실로 무급이나 저임금으로 취업준비생의 노동을 착취하는 것, 세계일보/2015.03.29)를 강요당하거나, 그렇게 '사서 한 고생'이 미래를 보장해 주지도 않기 때문이다. 연수기관들은 지원금이 언제 끊길지 모르니 취업률 채우기에 급급하고, 취업준비생들은 해외에 나가 문제가 생겨도 도움을 청할 곳 없어 고립돼 있다가 빈털터리로 돌아오기 일쑤다. 또 수 개월간 연수를 받고도 비자가 나오지 않아 공항 근처에도 못 가보거나, 워킹홀리데이나 관광비자 등으로 나갔다가 잘해야 스펙만 쌓고 오는 것이 대한민국 해외 취업의 실상이다. 결국, 위에서 본 것 같이 한국 학생들과 청년들은 이래저래 무기력에 빠질 수밖에 없는 현실 속에 살고 있다고 봐야 한다.

혹시 이 책을 읽고 있는 독자들은 7포 세대라는 말을 들어 본 적이 있는가? 한때 3포 세대라는 말이 진화해서 5포 세대 이제는 7포 세대, 더 나아가 N포 세대라는 말까지 생겨나고 있다. 3포 세대란 말은 연애와 결혼, 출산을 포기한 세대이고, 5포 세대는 내 집 마련과 인간관계까지 포기한 세대, 7포 세대란 꿈은 말할 것도 없이 희망까지 포기한 세대를 말한다. 끝으로 N포 세대는 몇 가지가 되었든 다른 것도 포기해야 하는 상황에서 온 말이다. 여기에서 자연스럽게 따라오는 말이 바로 금수저와 흙수저라는 말인데 원래 은수저라는 말은 유럽 귀족층의 유모들이 귀족 자녀들을 은수저로 젖을 먹였다는 데에서 온 말로 모든 것이 보장된 사람을 뜻한다고 한다. 그래서 대대로 부가 상속될 수 있도록 교육을 해 유지한다는 말이다. 반대로 흙수저로 살 수밖에 없는 사람들은 가진 자와 자신을 무의식적으로 비교하게 되고, 그 비교로 인해 '상대적 박탈감'을 더 크게 느끼게 된다. 우리는 가진 것, 즉 '소유가 행복으로 직결된다고 교육으로 세뇌되었지만, 이 세뇌는 때에 따라서 행복이 아닌 불행을 유도하기도 하고, 흙수저의 삶을 벗어나기 위한 온갖 노력이 현실이라는 벽과 기회의 불평등 앞에 또 한 번 좌절하게 만든다.

위에서 말한 삶이 과연 행복과 직결되는 삶일까? 왜 우리는 7포 세대가 되어야만 할까? 그것은 바로 7포 세대의 심리적인 이면에 깔린 두려움과 게으름 때문이다. 그 두려움과 게으름이 진화하면 무기력한 삶의 노예가 되고, 인간관계에도 치명적이다. 필자가 알고 있는 30대 후반의 남자는 언행일치가 전혀 되지 않은 사람이다. 여자들이 호감을 느낄 만할 정노로 첫눈에 보기에도 상당히 매력이 있는 준수한 외모를 가졌다. 그는 자신이 하고 싶은 일로 강사라는 직업을 희망하지만, 정작 책을 보지도 않을뿐더러 모르는 것도 알고 있는 척하고 머리부터 발끝까지는 명품으로 치장하지만, 정작 강의에 가장 중요하게 활용되는 지적인 자원을 충전하는 일에는 전혀 노력을 쏟지 않는다. 그러면서 강사로 대접만 받으려고 한다. 강의를 잘하기 위해서는 잘 알아야 하는 학습이라는 '의무'를 뒤로하는 것이고, 대접만 받으려고 하는 것은 '권리'만 주장하는 격이다. 어느 순간 자신이 소외되고, 도태되고 있다는 것도 모른 채 항상 같은 식으로 인간관계를 이어가는 것을 보면 정말 안타까운 마음뿐이다. 성공하는 사람들의 85% 이상은 그 사람의 대인관계능력에 달려 있다고 해도 과언이 아닌데 말이다.

7포 세대의 또 하나의 병리적인 현상은 분노중독에 있다. 한 마디로 대한민국은 어른이나 아이 할 것 없이 온 국민이 분노중독이라고 할 수 있다. 분노는 마음속의 분뇨(糞尿)가 남아 있는 상태이다. 그 분노를 적절하게 체외로 배출하지 못하게 되니 엉뚱한 장소나 대상에게 표현되는 것이다. 무엇보다 분노를 적절하게 표현하지 못하면 분노조절장애로 나타난다. 정신의학에서는 '간헐성 폭발장애'와 '외상 후 격분장애' 등 느닷없이 화를 내거나 폭력적인 행동을 하는 증상을 말한다. 간헐성 폭발장애는 자주 이성을 잃고, 지나치게 분노를 표출하는 증상이고, 외상 후 격분장애는 특정 사건으로 충격을 받은 뒤 분노 상태가 오랫동안 지속되는 증상을 말한다.

필자 또한 아주 가끔 운전 중 경적을 심하게 울려대거나 갑자기 끼어들기를 하는 차량이 있을 때면 버럭 화가 치밀어 오른다. 일이 바빠 하루의 일과를 마치고 피로에 찌든 채 집으로 향하는 날이면 그 분노는 배가 될 수밖에 없다. 특히 그 분노가 집안이나 차 안에 어른과 아이가 함께 있다면 아이가 들을 수 없거나 볼 수 없는 안전한 장소를 선택해서 표현되어야 한다. 분노는 쌓이고 쌓여서 폭발하는 것이 대부분이지만 자신의 무능을 인정하기 싫어 분노한다. 또한, 대부분 다른 사람들보다 나 자신이 더 낫다는 데서 오는 우월감의 표현이라고 할 수 있고, 내가 가지고 있는 열등한 요소들을 감추기 위해서 쓰는 수단이 될 수도 있다. 그래서 분노가 느껴질 때면 '나는 화를 잘 조절해서 표현하는 사람이야'라고 끊임없는 자기 격려를 해야 하고, 스스로 분노할 수밖에 없는 이유를 명확하게 찾아낼 수 있는 능력을 길러야 한다.

습관을 정복하라

습관을 정복하는 자가 정상에 오른다.
습관이 가진 위대한 힘의 진가를 알아야 한다.
그리고 습관을 창조하는 것이
훈련이라는 사실을 이해해야 한다.
자신의 미래를 깨뜨릴 습관을
미리 깨뜨려야 한다.
그리고 성공을 쟁취하는 데
도움이 될 습관을 길러야 한다.
그러기 위해서는 필요한 훈련을 받아들여야 한다.

폴 게티

11.
엔데믹 블루가
집단 무기력을 부른다

엔데믹 블루(Endemic blue)란 코로나19로 인해 변화하였던 사회가 이전의 상태로 돌아감에 따라, 다시 일상생활의 변화를 겪으면서 불안, 우울, 무기력감 따위를 느끼는 심리상태를 말한다. 동아일보 자료(2022년 5월 3일)에 의하면 자영업자와 일반인의 사례를 통해 엔데믹 블루로 인한 무기력과 우울 등과 같은 집단 무기력을 대변한다.

서울 종로구에서 꽃집을 운영하는 서모 씨는 안 팔려서 결국 시들어버린 꽃을 보면 자신의 모습 같아 우울해진다. 신종 코로나바이러스 감염증(코로나19)이 확산한 2년여간 매출이 '반의반 토막'나도 버텨 왔는데 최근 거리 두기 해제 이후 별반 나아진 게 없어서다. 그는 "거리로 나오는 사람은 늘었는데 아무래도 나만 가망이 없는 것 같다."라고 했다.

실외 마스크 착용 의무 해제 등 코로나19로부터의 일상 회복이 가까워졌지만 한국인의 정신건강에는 '엔데믹 블루'의 경고등이 켜진 것으로 나타났다. 코로나19의 풍토병(엔데믹) 전환을 앞두고 우울감이 깊어지는 사람이 적지 않은 데에 따른 것이다.

동아일보가 2일 SM C&C 설문 플랫폼 '틸리언 프로'와 공동으로 10~60대 남녀 1,268명을 설문 조사한 결과 79%는 최근 우울감을 느끼고 있다고 응답

했다. 특히 응답자의 61%는 코로나19 확산 초기보다 최근 우울감이 더 심해졌다고 답했다. 전문가들은 비대면 활동을 줄이고 진짜 연결성을 찾는 방식으로 후유증을 극복해야 한다고 강조한다.

취업준비생 홍모 씨(29)는 요즘 예쁜 봄옷을 봐도 감흥이 없다. 신종 코로나바이러스 감염증(코로나19) 유행 전 머리부터 발끝까지 휘감을 옷을 쇼핑하느라 하루 3~4시간 발품 팔던 때가 상상조차 안 간다. 최근엔 6년 넘게 공들여 관리했던 인스타그램 등 소셜네트워크서비스(SNS) 계정까지 '폭파'시켰다. 그는 "코로나19로 채용 문이 닫히며 서류전형 탈락까지 숱하게 겪었다.", "취업에 성공한 친구들이 자꾸 생겨서 SNS 계정을 없앴다."라고 했다.

일상 회복에 시동이 걸리고 완연한 봄날에 접어들면서 거리마다 인파로 북적인다. 하지만 한국인의 내면을 들여다보면 오히려 위험신호가 커지고 있다. 코로나19가 엔데믹(풍토병)으로 전환되면서 다 끝났다고 생각했던 재난 상황 이후 갑자기 덮쳐오는 우울감, 이른바 '엔데믹 블루'때문이다. 외부 환경이 활기차고 분주해질수록 역설적으로 마음이 더 병드는 사람이 적지 않다.

재난 상황 끝난 뒤 치솟는 우울증

2일 동아일보와 SM C&C '틸리언 프로'가 실시한 설문조사 결과에 따르면 방역조치가 엄격했던 코로나19 확산 초기(23%)보다 거리 두기 해제를 앞둔 후기(61%)가 더 우울하다고 답한 이들이 훨씬 많았다. 코로나19 이후 삶이 지금보다 더 나아지지 않을 거란 비관도 절반 이상(57%)이나 됐다.

돈가스 가게를 운영하는 권모 씨(52)는 2층 매장에서 거리를 내려다볼 때마다 허탈하다. 코로나19 기간 배달 주문 덕에 오히려 매출 타격은 작았지만 최근 매장 손님이 크게 늘진 않았다. 행인들은 더 많아지는 것 같은데 유독 자신만 일손 놓고 TV 볼 때가 많아진 것 같았다. 그는 "상권이 다시 활성화되면 건물주가 월세를 올릴 텐데 벌써 걱정"이라고 했다.

전문가들은 엔데믹 블루의 가장 큰 원인으로 상대적 박탈감을 꼽는다. 재난 상황에서는 다 같이 힘들다는 생각으로 버텼는데, 정작 경제가 회복 기미를 보이고 여행과 모임이 재개되면서 '나만 여전히 불행하다.'라는 생각에 우울감이 심해지는 것이다.

정보기술(IT) 기업에 다니는 강모 씨(35)는 최근 자기도 모르게 눈물이 난다. 집에서 혼자 밥을 먹다가도, 골프 연습을 하다가도 이유 없이 무력감이 찾아오지만, 무엇이 문제인지 알 수 없다. 그는 "코로나19로 경제적 타격을 입지도, 건강상 어려움을 겪지도 않았는데 언제든 코로나19 때처럼 막막한 상황이 재발할 것만 같아 암담하다."라고 했다.

이번 설문에서도 코로나19 이후의 전망이 어두웠다. 자신과 주변 사람들의 처지를 비교했을 때 '나의 미래가 다른 이들보다 나을 것'이라고 답한 비중 역시 18%에 불과했다.

일상 회복 앞두고도 깊어지는 무기력

이 같은 엔데믹 블루 양상은 후쿠시마 원전 사고 이후 패턴과도 흡사하다. 동일본 대지진 여파로 2011년 3월 발생한 이 사고 이후 '대피명령구역' 거주 주민들의 자살률은 1년 6개월간 감소세를 나타내며 피해가 적었던 지역보다 오히려 낮았다.

문제는 2년여가 지난 뒤에야 이 지역 자살률이 치솟았다는 점이다. 사고 직후 인구 10만 명당 47.8명(남성)이었던 자살자가 한때 23.1명까지로 떨어졌지만 사고 2년 2개월 만인 2013년 5월부터 늘더니 2015년 7월 37.6명으로 올라섰다. 마사쓰구 오루이 후쿠시마 의과대학 연구원은 "개인적으로나 범국가적으로나 심리건강관리(mental care activity)가 줄어든 게 주원인"이라고 했다.

백종우 경희대 정신건강의학과 교수는 "코로나19 이후 우울, 불안이 늘었음에도 극단적 문제가 불거지지 않았던 건 '같이 이겨내자'란 생각이 보호요인이 됐기 때문"이라며 "동일본 대지진, 외환위기, 미국발 금융위기 등 과거 국가적 재난이 발생했을 때마다 재난 직후보다는 시간이 흐른 뒤 더 큰 위기가 찾아왔다."라고 말했다. 경제·사회 여건에 따라 일상 회복 격차가 생기는 최근 상대적 박탈감이 더 커지는 이유다.

부정적 감정에 거리 두고 주변에 마음 베풀기

엔데믹 블루를 극복하기 위해 정신분석 전문가들은 어려움을 털어놓고 공감받을 사람을 가까이 두는 것이 가장 중요하다고 말한다. 속마음을 털어놓을 사람이 한 명만 있어도 극단적 우울감은 막을 수 있다. 하지만 이번 설문에서 그런 사람이 없거나 부족하다고 답한 비중이 77%에 달했다.

전문가들은 우선 자신에게도 다정한 사람이 되고 타인에게도 다정한 사람이 될 것을 당부한다. 세계보건기구(WHO)는 코로나19 확산 직후에 발간한 '역경 극복을 위한 스트레스 관리 가이드라인'을 통해 친절, 용기, 베풂 등 중요한 가치를 정하고 이를 주변 사람들에게 실천해보는 방법도 제안한다. 거울 자아 이론(Looking Glass Self: 기대하는 대로 자아가 형성된다는 이론)을 자신과 상대방에게 적극적으로 활용하는 것도 한 방법이다. 타인이 내가 다정한 사람임을 기대하는 것처럼 나 또한 타인에게 다정한 사람이 되어 내가 중요시하는 가치를 먼저 베풀고 행동하라는 뜻이다.

주변 사람들과의 관계를 회복하려면 자존감부터 회복해야 한다. 그 첫 단추는 '지금-여기(now&here)'를 살아가는 자신에게 집중하는 것. WHO(세계보건기구) 가이드라인에 따르면 두 발을 땅에 붙이고 깊이 호흡하면서 마음을 가다듬는 것으로 시작된다. 미지근한 물을 조금씩 천천히 마시며 식도를 따라 내려가는 감각에 집중한다. 음식을 먹을 땐 음식의 향, 질감, 색깔을 고루 느끼며 내 일상에 스스로 다정해져야 한다. 내 아픔이 무엇인지 인지하고 하나씩 명명해본 뒤 차분하게 입 밖으로 소리 내어 읽어보는 것도 좋다.

이처럼 자신의 몸에 집중하는 마음챙김(mindfulness)을 통해 과거의 어려움과 미래에 대한 걱정으로부터 심리적인 거리 두기(displacement)를 해야 한다. 당장 자신이 통제할 수 없는 과거나 미래는 떨쳐내고 '지금-여기'만 우선 생각하는 훈련이다. 임명호 단국대 심리치료학과 교수는 "아무 생각도 하지 말라는 것이 아니라 명상처럼 지금 내가 느끼는 감각 외 다른 것들은 생각하지 말라는 의미"라며 "내 감각에 확신을 가짐으로써 자신감을 회복할 수 있다"고 말했다.

비대면 활동 줄이며 사람들과 '진짜 연결'돼야

마음챙김을 위해서는 화상회의, 온라인 쇼핑, 넷플릭스 시청 등으로 익숙해진 비대면에서 의도적으로 멀어지는 것도 도움이 된다. 규칙적으로 산책과 운동을 하고, 온라인 쇼핑이나 재택근무만 하는 대신 일부러라도 짧게나마 외출과 모임을 하는 것이 좋다.

이번 설문에서 10, 20대의 경우 코로나 후반기로 갈수록 우울증 체감 정도가 전 연령대 중 가장 큰 폭으로 낮아졌다. 임명호 교수는 "대면 수업 재개로 다시 타이트해진 일상이 영향을 미쳤을 수 있다.", "'집콕'으로 흐려진 일상 속 경계를 규칙적인 시간표로 바로잡는 것이 포스트 코로나 시대 회복에 중요하다."라고 말했다.

김현수 서울시 코비드19 심리지원단장(명지병원 신경정신의학과 교수)은 "대부분 활동이 온라인으로도 가능해진 초연결 사회지만 코로나19를 통해 알게 된 건 '온라인으로 연결돼선 진짜 연결될 수 없다.'라는 사실"이라며 "랜선 활동이 심심하고 무료한 기분을 잠시 채워줄 순 있어도 우울감과 고립감을 해소하진 못한다."라고 말했다.

코로나19 이전 하루를 재구성해 적용해보고 그때의 루틴(routine)을 조금씩 회복해 가는 것도 좋은 방법이다. "오만 가지 색색의 고운 꽃들이 자기가 제일인 양 활짝들 피었"다고 노래한 이해인 수녀의 시처럼, 보잘것없어 보이는 나의 일상도 실은 오만 가지 색으로 피어난 고운 꽃이란 사실을 기억하면서 말이다.

미래는 꿈

미래는 확실성이 아닌 꿈으로 만들어져 있다.

미래는 물리적인 세계가 아니라

우리의 사고와 꿈속에서 존재한다.

비행기도 꿈이었다.

미래는 꿈이라는 재료로 만들어진다.

당신을 훌륭한 소설가가 이야기를 상상하듯이

사업의 미래를 상상해야 한다.

롤프 얀센

제 3 장

무기력의 해결방법

어약연비(魚躍鳶飛)란 아래의 뜻을 의미합니다.

물고기가 약진하는 것(魚躍-물결을 힘 있게 거슬러 올라가는)과 솔개가 날아오르는 모습(鳶飛)을 말합니다. 새로운 도약과 의미 있고 가치 있는 일들에 대한 시작을 알리는 선언이기도 합니다.

저를 통한 모든 이들은 리본(Re-Born: 다시 태어남)하는 삶의 의미를 깨닫기 위함이며,

첫째, 그 중심엔 사람의 좋은 점(장점)을 보는 시각과 사람을 바로 다루고 사람의 마음을 건강하게 바로 세움을 실천하는 것이며,

둘째, 행복기술로 행복한 사람들을 더 행복하게, 불행한 사람들을 덜 불행하게 할 것이며,

셋째, 나와 같은 사람들이 주변과 사회, 국가에 많아지는 플로리시(행복의 만개)한 삶을 제공하는 것이며,

넷째, 옳고 그름의 합리성에 묶이지 않고 그 이상(차원이 높은 세계)의 것들을 실행하여 제대로 자란 사람으로 기능하게 하는 것입니다.

1.
무기력해진 원인을 깨달아라

　필자는 어릴 적 아버지의 죽음이라는 트라우마 때문에 성인이 된 후에도 한동안 무기력에 찌들어 살았다. 하지만 그것이 무기력인지도 몰랐다. 그것은 분명 장애(Disorder)였고, 그 장애는 고스란히 말과 행동, 표현 같은 증상(Symptoms)으로 드러났다. 때로 무기력이란 탈은 내 일상을 은밀하게 지배하며 어느 순간 우울과 고립(Isolation)을 선택하게 했고, 목표를 향해 열심히 최선을 다하다가도 그 목표에 대한 의미와 가치를 뒤로한 채 미루는 빈도도 늘어나며, 중도에 포기하게도 했다.

　그러던 중 심리학을 공부하면서 필자 스스로 장애가 있는 사람이라는 것을 깨달았고, 그 장애를 해결하기 위해 피눈물 나는 대가를 지불했다. 필자처럼 살아오면서 크고 작은 트라우마를 경험한 사람들이 구체적인 원인을 모른 채 삶을 지속한다면, 그것은 매 순간을 살아내고 있는 몸부림이 될 수밖에 없다. 정말 무서운 것은 사람은 스스로 문제가 있다고 깨닫기 전까지는 그것을 전혀 인식하지 못할뿐더러 특히, 사람과 사람 사이의 관계에서 건강한 사람으로서 기능할 수 없게 된다.

　또한, 무기력한 사람들은 일시적인 열정으로 어떤 목표를 정해놓고 성취해보려고 노력하지만, 어느 순간 그것을 포기하게 되는 악순환에 빠지게 되고, 그 포기를 실패로 간주하여 미래에 대한 불안과 불확실성을 가중하면서 어떤 일이든 생각만 하고, 실행으로 옮기지 못하게 된다. 그래서 무기력하거나 우울한 사람일수록 어떤 목표를 정해놓고 그것을 실행하기 이전에 반드시 해야 할 것이 있다. 그것은 무기력을 탈출하기 전에 '스스로 무기력해진 원인을 깨닫는 것'을 첫 번째 목표로 정해야 한다. 그다음에 무기력에서 탈출해서 진정 원하는 삶을 살기 위한 구체적인 계획과 목표를 설정해서 실행으로 옮겨야 한다.

그렇다면 필자를 포함하여 1장에서 언급한 친구의 무기력 사례와 같이, 무기력과 우울이라는 패턴에 갇힌 사람들이란 다음과 같다.

1. 힘이 있는 대상에게 자율성을 침해당하고 지속적으로 강압이나 억압, 폭행을 당한 사람들이다.
2. 안전한 환경에서 오는 심리적 만족감을 경험하지 못한 사람들이다.
3. 부모 또는 환경으로부터 정신적, 심리적으로 유기당하고 소외당한 경험이 있는 사람들이다
4. 개인적인 꿈이나 일, 사업 등 어떤 목표를 정해놓고 실패를 반복해서 경험한 사람들이다.
5. 천재지변이나 자연재해로 인해 스스로 통제할 수 없었던 트라우마를 경험한 사람들이다.
6. 성장하면서 부모님(타인)의 삶의 기준에 맞춰 자신의 삶은 뒤로한 채 살아온 사람들이다.
7. 역기능 가정에서 생존하기 위해 몸부림치며 역할의 노예로 성장한 사람들이다.
8. 주변 사람들과 비교에서 오는 반복된 열등감을 경험하고 있는 사람들이다.

9. 사람과 사람 사이에서 좌절감이나 거절감, 상실감을 반복적으로 경험한 사람들이다.

10. 팬데믹으로 인해 버티고 버티다가 경제적으로 회생과 파산에 이른 사람들이다.

11. 자신의 욕구를 충족하지 못하고, 그 욕구가 결핍된 채 너무 일찍 어른 된 사람들이다.

12. 자신의 의지와는 무관하게 일어났던 사건이 통제 불가능했거나 예측 불가능했던 경험을 한 사람들이다.

13. 기타 유전적이고 환경적인 요인을 포함하여 자신의 의지와는 무관하게 무기력에 학습된 채 현재를 살아가고 있는 사람들이다.

특히 2장에서 언급한 뇌과학에서는 인지뇌, 즉 생각하는 뇌라고 할 수 있는 전전두피질(Front cortex)은 트라우마나 스트레스와 같은 위급한 상황에서는 생존을 위해 진화한 원시적이고 본능적인 변연계(Limbic system)와의 소통방식에서 문제가 발생한다. 조금 더 쉽게 말하면 생각하는 뇌는 긴박한 상황에서 탈출하려고 느끼는 뇌의 위세에 눌려 스스로 생각할 여유도 없이 자신이 처한 상황에 대해 이성적이고 합리적인 판단을 내리지 못하고 느끼는 뇌에게 주도권을 내주게 된다. 특히 무기력하고 우울한 사람들의 뇌는 수시로 변화에 민감한 변연계가 항상 신경을 곤두세우고 있어 과거 경험했던 부정적인 사건에서 빠져나오려고 행동하지 않는 한 웬만한 각오 없이는 절대 빠져나오기가 힘들다. 이러한 맥락이 계속해서 이어지게 되면 당연히 미래를 준비하고 계획해서 실행하고 성취하게 하는 콘트롤타워 역할을 하는 전전두피질(생각하는 뇌)이 정상적인 기능을 할 수 없게 된다.

조금 더 넓은 의미에서는 무기력을 포함하여 우울, 불안, 번아웃은 생각하는 뇌, 즉 전전두피질과 느끼는 뇌라고 할 수 있는 변연계의 상호 의사소통방식의 차이에서 오는 결과물이다. 무엇보다 하루하루 치열하게 생존을 위해서 살아가는 현대인들에게 크고 작은 트라우마와 스트레스는 말 그대로 건강하지 못한 뇌의 작동방식에 적응하면서 살얼음판을 걷듯이 매 순간을 버텨내게 하고 있다. 하지만 정말 다행스러운 것은 이러한 뇌의 작용은 사람마다 같은 뇌의 회로와 작동방식을 사용하고 있어서 어느 한쪽의 뇌에서 작은 변화만 감지해도 이미 구축되어 있는 뇌의 회로를 통해 다른 뇌의 영역에 영향을 준다.

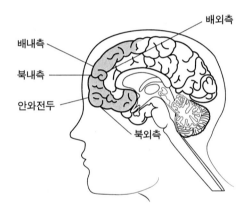

무기력 해결방안 첫 번째 '내가 무기력해진 원인을 깨달아라'에서는 위에서 언급한 여러 무기력한 상황들을 직접 경험한 사람들일수록 그 사건이나 상황을 글로 써보는 작업을 적극적으로 추천한다. 무엇보다 자신을 무기력하게 한 과거의 크고 작은 부정적인 사건들로 인해 그때의 상황을 사실감 있게 묘사(Describe)하면서 현재 느끼고 있는 감정(Emotion)을 글로 옮겨 써보는

것은 억압된 감정을 느끼는 뇌, 즉 편도체(Amygdala: 변연계에 속해 있음)의 강도를 줄여주고, 아픈 기억을 저장하고 있는 해마(Hippocampus)를 위로하는 일이다. 반대로 인지 뇌, 즉 생각하는 뇌라고 할 수 있는 전전두피질은 과거의 트라우마를 회피(Avoidance)하기보다는 직면(Confront)하기 위해 더 노력하게 하고, 현재 자신의 상황을 객관적이고 이성적으로 판단하게 하여 스스로 무기력해진 원인을 깨달으면 깨달을수록 점점 더 좋은 것들을 선택할 수 있게 한다.

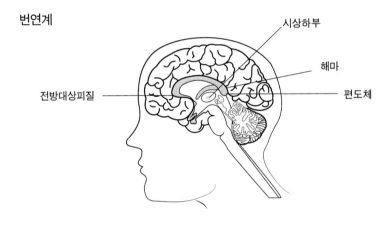

특히 글 쓰는 작업으로 인해 스스로 무기력해진 원인을 깨닫고 나면 어느 순간 자신이 무언가 문제가 있고, 무기력한 사람이라는 것을 인정할 수 있게 되는데, 그때부터 무기력 탈출과 치료는 시작된다.

1. 어떤 사건이나 상황들로 인해 자신이 큰 상처나 충격을 받은 일들을 글로 써보세요.

2. 그때의 기억과 경험들로 인해 다시 느끼게 되는 감정도 글로써 보세요.

3. 그 감정들로 인해 스스로 어떤 행동을 하게 되었는지도 써보세요.

4. 마지막으로 그 행동이 좋은 행동인지 좋지 않은 행동이었는지 글로 써보고 더 좋은 행동을 하기 위해서 어떤 것들이 필요한지도 써 보세요.

슬프고 괴로운 일을 만나거든

슬프고 괴로운 일을 만나거든
이렇게 생각하십시오.
'지금 내가 당하고 있는 괴로운 일은
앞으로도 있을 것이고
다른 사람들도 당하는 일이다'라고

또 이렇게 생각하십시오.
'이런 일은 오늘 처음 있는 괴로움이 아니고
과거에도 있었던 일인데 다만 지금은
잊어버리고 무관심하게 되었을 뿐이다'라고

당신을 괴롭히고 슬프게 하는 일은
단지 하나의 시련일 뿐이라고 생각하십시오
쇠는 뜨거운 불에 달구어야 강해집니다.
당신도 지금 당하고 있는 시련을 통해서
더욱 굳센 마음을 지니게 될 것입니다.

아우렐리우스

2.
과거를 용서하라

우리 주변에는 오랜 시간이 지나고 난 후의 일임에도 불구하고 과거의 사건이나 상황에 묶여 있는 사람들이 의외로 많다. 특히 무기력하고 우울한 사람일수록 또는 심리적으로 미숙한 사람일수록 '내가 예전에 그 일만 아니었어도 지금 이렇게 살지 않았을 텐데…'또는 '그 사람 때문에 내가 이 모양 이 꼴이 되었다…'라고 현재의 문제를 자신에게서 찾지 않고 항상 외부로 투사(Projection)하고, 현실을 원망하면서 살아간다. 한마디로 이미 지나간 과거의 부정적 사건 때문에 매 순간을 '남의 탓, 상황 탓'만 하고 산다. 결국, 자신의 문제는 스스로 해결해야 하는 자원이 있어야 하는데 사람과 사건, 상황에 투사하는 사람일수록 스스로 문제를 해결할 수 없을뿐더러 무기력하고 우울한 일상이 계속되는 악순환에 빠지고 만다.

그래서 자의든 타의든 치명적인 상처와 충격으로 인해 현재의 온전한 나로 살지 못하는 사람들에게는 더더욱 치료가 필요하다. 마틴 셀리그만은 그의 저서 『긍정심리학』에서 과거에 일어난 일들이 현재 자신의 삶에 불행을 초래한다면 그것은 과거에 대한 스스로의 생각 때문이라고 했다. 그는 이미 지나간 과거의 사건들이나 사람들을 용서할 수 없는 것에 대해 워딩턴 박사의 사례를 들어 설명했다. 워딩턴 박사는 자신의 어머니를 처참하게 살해한 강도를 어떻게 용서했을까?

"어머니가 피범벅이 되었어요. 카펫에도 벽에도 온통 피범벅이었어요."

1996년 새해 아침, '용서란 무엇인가'에 대한 책을 써온 심리학자 워딩턴 (Worthington Everett) 박사는 동생 마치크로부터 이런 전화를 받고 얼굴이 새파랗게 질렸다. 허둥지둥 녹스빌 본가에 도착한 박사는 자신의 노모가 쇠 몽둥이와 야구방망이에 맞아 돌아가셨다는 걸 알았다. 어머니의 음부에는 술병이 꽂혀 있었고, 집 안은 난장판이 되어 있었다.

그가 그토록 용서라는 화두에 매달렸던 것이 근원을 알 수 없는 어떤 영 감 때문이었을까? 이 용서의 대가가 갈고 닦아 정립한 '용서'에 이르는 길은 마치 숭고한 도덕 교육의 본향에서 캐낸 토산물 같다. 용서하고 싶은 마음은 굴뚝같은데 뜻대로 되지 않는 사람이 있다면 이 방법을 권하고 싶다.

워딩턴 박사는 비록 쉽지도 않고 단숨에 되기도 힘든 용서의 길을 5단계 로 나누어 설명하는데, 그는 이것을 '리치-REACH'라고 부른다.

R(Recall)은 자신이 받은 상처를 돌이켜 생각하는 것을 뜻한다. 이때는 최대한 객관적인 자세를 취해야 한다. 가해자를 악한으로 생각해서도, 자기 연민에 휩싸여서도 안 된다. 천천히 심호흡하면서 마음을 가라앉히고 그때 의 사건을 되짚어보아야 한다. 워딩턴 박사가 자신의 어머니가 살해되던 당 시를 떠올리면서 쓴 시나리오는 다음과 같다.

나는 불 꺼진 집에 침입할 준비를 하는 두 젊은이의 감정이 어땠을지 상 상했다. 어둠에 잠긴 집 앞에서 맞는 열쇠를 찾느라 허둥댔을 것이다.

한사람이 이렇게 말했겠지. "됐어, 찾았어. 칠흑처럼 깜깜한 걸 보니 집에 아무도 없는 게 분명해." 또 다른 사람은 "마당에 차도 없어, 송년 파티에 간 모양이야"라고 맞장구쳤을 것이다.

어머니가 운전을 못하시기 때문에 차가 없다는 것을 그들이 알 리가 없을 테니까. 그러다 어머니를 발견하곤 소스라치게 놀라며 이렇게 생각했을 테지. '이런, 제기랄. 들켰어. 도대체 어떻게 된 거지? 저 할망구가 하늘에서 떨어진 거야, 땅에서 솟은 거야? 저 노인네가 날 알아볼 거야. 그럼 우린 감옥에 가겠지. 이 할망구 때문에 내 인생은 끝장날 거야.'

E(Empathize)는 감정이입을 의미한다. 나에게 피해를 준 이유가 무엇인지 가해자의 입장을 헤아려보려고 노력하는 것이다. 이것은 그다지 쉬운 일이 아니다. 그래도 가해자에게 해명할 기회를 주었을 때 그가 했을 법한 이야기를 꾸며본다. 아래의 설명을 참고하면 많은 도움이 될 것이다.

- 가해자는 자신의 생존이 위협당한다고 느낄 때 무고한 사람을 해칠 것이다.
- 남을 공격하는 사람은 대개 그 자신이 공포, 불안, 고통에 휩싸여 있기 십상이다.
- 사람들은 자신의 본성 때문이 아니라 어쩔 수 없는 상황에서 남을 해치는 경우가 있다.
- 사람들은 대개 다른 사람을 해칠 때는 제정신이 아니다. 그 때문에 마구잡이로 폭력을 행사한다.

A(Altruistic gift)는 용서가 곧 '이타적 선물'임을 상징하는 머리글자인데, 이것 또한 어려운 단계이다. 먼저 자신이 다른 누군가를 해코지하고 죄의식에 시달리다가 용서를 받았던 때를 돌이켜보라. 그 용서는 자신이 다른 사람

에게 받은 선물인 셈이다. 용서를 필요로 하는 사람은 자신이고, 그 용서라는 선물을 고마워하는 것 또한 자신이기 때문이다. 용서는 대개 주는 사람의 기분도 한결 좋아지게 하는 선물이다. 그런 의미에서 다음의 격언은 되새겨봄 직하다.

한 시간 동안 행복하고 싶거든 낮잠을 자고

하루 동안 행복하고 싶거든 낚시를 하고

한 달 동안 행복하고 싶거든 결혼을 하고

한 해 동안 행복하고 싶거든 유산을 물려받고

평생 동안 행복하고 싶거든 남에게 베풀어라.

그러나 용서하는 것은 이기심의 발로가 아니다. 아니, 오히려 용서라는 선물은 피해자가 가해자에게 베푸는 선물이다. 용서가 진정한 선물이 되려면 스스로 마음의 상처와 원한을 극복할 수 있다고 다짐해야 한다. 선물을 주면서도 원망을 떨쳐내지 못하면 자유를 얻지 못한다.

C(Commit)는 공개적으로 용서를 행하는 것을 의미한다. 워딩턴 박사는 자신의 환자들에게 가해자에게 보내는 용서의 편지를 쓰게 하거나, 일기, 시, 노래로 용서를 표현하게 하거나, 절친한 친구에게 자신이 한 용서에 대해 털어놓게 한다. 이런 것들이 모두 '용서 계약서'가 되는 셈인데, 이것이 마지막 단계로 나아가게 해주는 밑거름이 된다.

H(Hold)는 용서하는 마음을 굳게 지킨다는 의미이다. 이 마지막 단계 또한 어려운 것이, 그 사건에 대한 기억이 어느 순간 불쑥 되살아나곤 하기 때문이다. 용서란 원한을 말끔히 지워 없애는 게 아니라 기억 끝에 달려 있는 꼬리말을 긍정적으로 바꾸는 것이다. 거듭 말하지만 용서하지 않는다는 사실만으로 가해자에게 보복하는 것은 아니다. 원한을 곱씹으며 기억에 얽매이기보다 기억에서 헤어나기 위해 노력해야 한다. 직접 작성한 '용서 계약서'를 읽으면서 "나는 용서했다."라는 말을 되뇌면 이 단계를 극복하기가 한결 쉬울 것이다.

어쩌면 이 모든 것들이 터무니없는 훈계쯤으로 들릴지도 모른다. 그러나 이것이 하나의 이론으로 정립되기까지 'REACH'와 같은 용서법을 뒷받침해 줄 만한 최소한 8가지 실험 연구를 거쳤다. 그중에서도 현재까지 가장 규모가 크고 가장 탁월한 실험 연구는 스탠퍼드 대학의 소레센(Thorexen Cari) 교수가 주도한 합동 연구이다. 이 실험은 무선표집 한 259명의 성인을 두 집단으로 나누어 실험 집단에게는 9시간, 즉 1회 90분씩 총 6회에 걸쳐 용서에 대한 강연을 실시했고, 다른 통제 집단은 '용서도' 검사만 한 뒤 두 집단을 비교한 것이다.

이 실험에 사용된 강연 원고는 분노를 삭이고 가해자를 객관적인 관점에서만 바라보는 태도에 역점을 두고 작성했다. 그 결과 분노와 스트레스가 적고 낙관적이며 건강한 사람일수록 용서를 더 잘하고, 용서함으로써 과거의 고통에서 해방되는 효과가 큰 것으로 나타났다.

마틴 셀리그만 박사는 자신의 과거에 대한 기억을 더 행복하게 할 수 있는 방법이 세 가지가 있다고 했다. 첫째는 당신의 과거가 미래를 결정한다는 관념에서 벗어날 지적 능력이다. 둘째와 셋째는 정서적 능력으로, 이는 둘 다 자신의 기억을 의도적으로 바꾸는 일에 관여한다. 과거의 좋은 일들에 대해 감사하는 마음을 키우면 그만큼 긍정적인 기억을 강화시키게 되고, 과거의 나쁜 일들을 용서하는 법을 익히면 과거의 고통에서 헤어날 수 있다는 것이다.

그래서 현재의 일상이 이미 지나간 과거의 일로 인해 순간순간 나를 지배하고 통제한다면 분명 당신은 지금 노예의 삶을 사는 것과 같다. 필자 또한 강사로서 어느 정도 자리를 잡는 동안 수없이 많은 시련과 고난을 겪었었다. 정신없이 바쁜 시즌을 보내고 난 후 오히려 강의가 없는 날이면 무기력해졌다. 그 무기력의 중심에는 아버지의 죽음 전 마지막 모습에 아무런 도움을 줄 수 없었던 상황에서 미안해하고 안타까워하던 어린 내가 서럽게 자리하고 있었다.

필자는 성장하는 내내 그 미안하고 불안했던 마음이 무기력이라는 탈을 쓰고 나의 몸과 마음을 지배하고 통제했다는 것을 알게 되었다. 살아오면서 순간순간 아버지의 부성이 필요할 때면 아버지를 수도 없이 원망했던 적도 많았다. 그 원망이 표현할 수 없는 억압된 분노로 마음 한구석에 자리한 채 건강한 일상을 방해하게 하는 무기력과 친해져 있었다. 하지만 지금은 가족들을 책임지지 못했던 이유를 깨달았기에 아버지를 용서할 수 있게 되었고, 아버지를 더 그리워하게 되었다.

우리의 뇌는 필자처럼 무기력했던 경험을 저장하는 해마(Hippocampus)라는 영역이 있다. 해마는 뇌에서 학습과 기억 등을 담당하는 기관으로 뇌에서 신경세포가 생성되는 몇 안 되는 영역 가운데 하나이며 동물과 사람 모두에게 존재한다. 변연계의 양쪽 측두엽에 존재하며 지름은 1㎝, 길이는 5㎝ 정도인데 특히 이 해마는 처음으로 눈사람을 만들었던 즐거운 경험이나 크리스마스 때 부모님이 선물해 준 선물꾸러미를 보며 불행한 기억보다는 행복한 감정이 실린 기억들을 훨씬 더 좋아한다.

하지만 좋은 기억이든 그렇지 않은 기억이든 저장된 기억들을 어떻게 꺼내 사용하는가는 순전히 스스로의 몫이다. 안타깝게도 무기력하고 우울한 사람들의 해마는 좋지 않은 기억들을 먼저 떠올리는 습관(Habit)이 내재화되어 있고, 감정을 느끼는 편도체 또한 행복한 느낌보다는 불행한 느낌을 더 쉽게 느낀다. 특히 위급한 스트레스 상황일 때 편도체는 해마에게 그 상황을 기억하라고 지시하는데 이것은 뇌가 자신을 보호하는 진화의 방식이다.

사람이 바꿀 수 없는 것은 두 가지다. 하나는 나와 다른 타인이고, 다른 하나는 이미 지나간 과거의 일이다. 혹시 이 글을 읽고 있는 독자 중에 이미 지나간 사건과 상황들로 인해 누군가를 용서하지 못하고 그 사람 생각만 하면 분노가 치밀어 오르고 아무것도 할 수 없거나 무기력해진다면 스스로를 위해서 당장 용서하라! 큰 용서가 어렵다면 대화나 통화, 식사 같은 표면적인 작은 용서부터 시작하라. 무엇보다 나에게 씻을 수 없는 상처를 준 사람과 과거를 용서하고 나면 현재의 삶에 더 최선을 다하게 하고, 나를 더 소중히 여기고, 온전히 나를 사랑하게 된다. 더불어, 행복해진다.

과거와 화해하는 작업

지금까지 불행하고
수치스러운 일을 많이 겪었다고 하더라도
그 어떤 경험도 후회하지 않아야 한다.

오히려 과거와 화해하는 작업을 하면
자신을 진정으로 좋아 하는 법을 배우게 된다.
이는 곧 자존감을 높이는 일이기도 한다.

미아 퇴르블럼

3.
일단 움직여라

　요즘 현대인들은 살아가기에 바빠 너무나도 지쳐있다. 아니 하루하루를 버터내기 위해 쉴 틈이 없다. 대도시의 아침 출근길 지하철 풍경을 보면 잘 알 수 있다. 내적 성장을 위해 독서를 하는 모습은 그나마 위안이 된다. 모두 좀비가 된 것처럼 졸고 있거나 사람이 아닌 사물이라고 할 수 있는 스마트폰에 열중하고 있는 모습은 분명 디지털 문명에 익숙해진 무기력한 현대인들을 대변한다.

　『긍정의 발견』의 저자 바바라 프레드릭슨 교수는 우리 몸을 구성하고 있는 세포를 통해 몸의 변화에 대해서 언급했다. 대부분 세포는 고작 몇 주나 몇 개월밖에 살지 못하는데 우리 몸의 죽은 세포들은 새로운 세포들로 대체되도록 순환된다. 몇 시간밖에 살지 못하면서 맛을 느낄 수 있게 하는 미뢰 세포와 10일 정도 사는 백혈구를 포함하여 인체의 축이라고 하는 뼈마저도 반복해서 재생된다. 그래서 과학자들은 매일 우리 몸의 약 1% 정도의 세포가 재생되는 것과 같이 1%씩 변화가 일어나 약 3개월마다 새 사람으로 재탄생하게 된다고 말한다. 옛날 우리 어머니들이 자식들의 성공과 출세를 위해서 100일 동안 간절히 기도했던 관습과 크게 다름이 없다.

　중요한 것은 우리 몸을 구성하고 있는 세포는 자신이 감정이나 활동에 따라 성장하고 쇠퇴한다. 조금 더 쉽게 말하면 감정이 부정적이거나 활동이 적으면 세포는 늙고 병들어지고 반대로 활동이 많거나 긍정적인 감정을 갖게 되는 일이 많으면 세포는 재생속도도 더 빨라지고 건강해진다. 한마디로 말하면 몸을 많이 움직이면 무기력한 세포가 더 활력 있게 되고 반대로 몸을 움직이지 않으면 세포는 무기력해지고 우울해질 수 있다. 그래서 무기력하고 우울한 사람일수록 혼자 있는 시간은 최소한으로 줄이고, 일상에서 최대한 몸을 많이 움직여서 세포를 건강하고 활력 있게 만들어 주어야 한다. 그 움직임을 더해 기분 좋은 경험이 많아지게 되면 감정 또한 좋은 쪽으로 바뀌면서 무기력한 일상을 뛰어넘어 활력 있는 일상으로 변화되는 것을 경험할 수 있다.

세르방-슈레베르 박사의 저서 『치유』에서 그레이스트 박사는 조깅으로 우울증을 극복한 자비에라의 사례를 들어 잘 설명해준다. 그레이스트 박사는 자비에라의 경우를 예로 들어 우울증 해소에 조깅이 효과적이라는 기사를 발표했다. 28살의 여대생인 그녀는 위스콘신 대학에서 두 번째 석사논문을 준비하고 있었다. 그녀는 혼자 살면서 수업 시간 이외에는 바깥출입을 거의 하지 않았다. 그러면서도 그녀는 자신에게 맞는 남자를 만나지 못했다고 항상 불만을 털어놓곤 했다. 그러다 갑자기 그녀는 삶이 무의미하게 느껴지기 시작했다. 앞으로도 상황이 달라지지 않을 것 같다고 확신했다.

그녀는 논문은 제쳐두고 담배를 하루에 3갑 이상 피우면서 멍하니 담배 연기를 바라볼 뿐이었다. 대학 보건실 담당 의사가 그녀에게 우울증 증세가 다른 환자들 수치의 90%를 넘는다고 했을 때도 그녀는 조금 놀랐을 뿐이었다.

자비에라는 2년 전부터 우울증에 시달리고 있었지만 어떤 치료법도 마음에 들지 않았다. 그녀는 상담치료의에게 부모나 자신의 문제에 관해 이야기 하려 들지 않았고, 약도 복용하지 않겠다고 했다. 그녀는 '내가 약간의 우울 증으로 고생하는 건 사실이지만 환자는 아니'라는 생각을 하고 있었다. 그녀 가 최근에 개발 중인 연구에 참여하겠다고 한 것은 단순한 오기였던 것 같 았다. 일주일에 3번씩 20분에서 30분가량, 혼자 또는 그룹으로 조깅을 하는 훈련이었다.

조깅훈련 첫날, 그녀는 담당 코치에게 하루에 담배를 3갑씩이나 피우고, 14살 때부터 운동이라고는 전혀 해본 적이 없고, 게다가 평상시 몸무게보다 10킬로그램이나 늘어난 자기가 과연 조깅 효과에 대한 연구에 참여할 수 있 겠냐고 물었다. 누구라도 참여할 수 있다고 했다. 자비에라는 자전거를 시도 했다가 10분도 못 버티고 죽을 것 같아서 그만두었던 경험도 있었다고 말했 다. 다시는 운동을 하지 않겠다고 결심했던 그녀였다. 게다가 달리는 법을 가 르쳐주는 코치가 있다는 사실이 우스꽝스럽다는 생각이 들었다. 무엇을 가 르치겠다는 거지? 걷는 것보다 발을 빨리 옮겨야 한다는 것을 가르치겠다는 건가?

그래도 그녀는 코치의 설명을 들어보기로 했다. 먼저 코치는 무조건 달리 려고 하지 말고 종종걸음을 치라고 했다. 몸을 조금 앞으로 기울이고 무릎 은 너무 들지 말라고 했다. 대화를 계속할 수 있을 정도의 속도를 유지하라 고 했다(코치가 옆에서 계속 "말을 할 수 있어야 해요. 노래를 하라는 게 아니라"하 고 말했다). 절대로 빨리 달리려고 하지 말고, 숨이 차면 속도를 줄이고 빠른 걸음으로 걷기만 하라고 했다. 그녀는 이상하게 달리는 동안 힘들거나 피곤 하지 않았다. 처음에는 충분한 시간을 가지고 1킬로미터 반을 종종걸음으로

완주했다.

첫날 정한 이 목표를 달성하자 그녀는 만족감을 느꼈다. 일주일에 3번씩 3주간 조깅훈련을 받고 나자, 2~3킬로미터 정도는 어렵지 않게 속보를 할 수 있게 되었다. 스스로 나아지고 있다는 것을 인정하지 않을 수 없었다. 잠도 잘 자고, 힘도 넘치고, 게다가 한없이 우울증에 빠져 신세 한탄을 하는 시간도 줄었다. 그녀는 조금씩 상태가 호전되는 것을 느끼면서 5주간 훈련을 계속했다.

그러다 한 번은 무리해서 발목을 삐고 말았다. 3주간 운동을 중단해야 했다. 이렇게 며칠이 지나자 그녀는 더 이상 운동장에 나갈 수 없다는 것 때문에 실망하는 자신을 보며 깜짝 놀랐다. 일주일가량 운동을 하지 않게 되자 서서히 우울증 증세가 다시 생각났다. 그녀는 자주 침울한 생각에 잠기고, 모든 것에 회의적이 되었다. 그런데 다시 운동을 시작할 수 있게 되자 그동안의 우울증이 사라지는 것이었다. 그녀는 자신이 운동을 하게 되어 기뻐하고 있다는 사실을 알게 되었다. 생리통도 다른 때보다 빨리 지나가는 것 같았다.

3주간의 공백 기간 이후 다시 운동을 시작한 날 그녀는 담당 코치에게 말했다. "전처럼 개운하지는 않지만, 곧 좋아질 거라고 믿어요. 운동을 처음 시작했을 때보다 몸이 가벼운걸요." 이후 그레이스트 박사는 그녀가 프로그램이 끝난 뒤에도 밝은 얼굴로 호숫가를 달리는 것을 자주 보았다고 했다. 그녀가 담배를 그만 피우게 되었는지, 혹은 백마 탄 기사를 만났는지는 알 수 없지만….

인지치료의 대가 아론 벡은 논문을 통해 부정적인 말만 되풀이해도 우울증에 걸릴 수 있고, 의식적으로 이를 중단하면 우울증에서 헤어날 수 있다는 사실을 밝혀냈다. 규칙적으로 운동을 하면 일시적일지는 모르지만, 부정적인 생각들에서 벗어날 수 있다. 운동하면서 좋지 않은 생각들이 떠오르는 경우는 매우 드물다. 그래도 생각이 나면 숨쉬기에만 정신을 집중하거나 땅에 발이 닿는 느낌이나 혹은 허리를 똑바로 세우는 자세 같은 것에 몰두하다 보면 자연히 부정적인 생각들은 사라질 것이다.

　　조깅을 규칙적으로 하는 사람들 대다수가 15분에서 30분간 집중적으로 달리다 보면 생각들이 갑자기 긍정적이고 창조적으로 변하는 것을 느낀다고 말한다. 자기 자신을 의식하지 않게 되고, 신체적으로 기울이고 있는 에너지의 리듬에 자신을 맡기게 된다고 한다. 이 상태를 흔히들 조깅을 하는 사람들 사이에 최상의 상태, 즉 희열의 상태라고 하는 데 몇 주간 지속적으로 운동을 하는 사람들만이 경험할 수 있다. 아주 미미하긴 하지만 이런 상태에 종종 중독되는 경우도 있다.

　　어느 정도 시간이 지나면 조깅을 하는 사람의 대부분이 하루에 20분간이라도 달리지 않고는 참지 못하겠다고 말한다. 대개 조깅을 시작하는 사람들은 조깅화를 처음 구입하고 너무 들뜬 마음에 지나치게 속도를 내거나 오랫동안 달리려고 한다. 하지만 정해진 속도가 있는 것도 아니고, 얼마의 거리를 달려야 하는 규칙도 없다. 미하이 칙센트 미하이 박사는 '흐름'의 상태에 들어가기 위해서는 능력의 한계선을 넘지 말아야 한다고 주장한다. 적당한 '한계선'을 유지하는 것이 중요하다. 그 이상을 넘는 것은 금물이다. 처음 조깅을 하는 사람은 짧은 거리를 종종걸음으로 달리는 것부터 시작해야 한다.

어느 정도 그 리듬에 익숙해진 다음에 '흐름'의 상태를 유지하기 위해 더 빨리, 그리고 더 먼 거리를 달려야 한다.

규칙적인 운동이 여러 면에서 좋다는 것을 알고 있어도 그것을 직접 실행에 옮기는 일은 쉬운 일이 아니다. 게다가 우울증에 시달리거나 스트레스를 받을 때는 더욱 어렵다. 그럼 몸을 더 많이 움직이면서 건강한 삶을 누릴 수 있는 비결 몇 가지를 살펴보자.

첫째, 운동량 자체보다 규칙적으로 운동을 하는 것이 중요하다. 감정뇌를 자극할 수 있는 최소한의 운동량은 일주일에 세 번, 20분이면 된다. 중요한 것은 얼마나 지속적으로 운동하느냐이지, 운동의 양이나 강도가 아니다. 운동의 강도는 달리면서 대화를 할 수 있을 정도면 충분하다. 물론 일부 약물들의 경우처럼 그 효과가 운동'량'과 비례할 수는 있다. 우울증이나 불안증세가 심할수록 그만큼 더 규칙적이고 강도 있게 시행해야 한다. 일주일에 세 번보다 다섯 번 하는 것이 바람직하고, 20분간 빠른 걸음으로 걷는 것보다 한 시간 사이클을 타는 것이 더 효과적이다. 하지만 사이클을 탄 뒤, 숨이 차고, 피곤해 다시는 운동하려 하지 않는다면 아무 소용이 없다. 이 경우 오히려 20분간 속보가 훨씬 더 효과적이다.

처음 시작할 때는 천천히 몸이 알아서 우리를 인도하도록 내버려 두어야 한다. 훈련의 목적은 칙센트미하이 박사가 언급한 것처럼 흐름의 상태에 이르는 것이다. 그러기 위해서는 항상 능력의 한계선을 지켜야 한다. 이 능력의 한계선이 바로 '흐름'의 상태로 들어가는 부분이다. 훈련을 계속하다 보면 그 능력이 향상되는데, 이에 맞춰 조금씩 운동량을 늘리고 속도를 내어 달리면 된다.

그렇기 때문에 현재 보고된 연구들은 달리기, 수영, 자전거, 테니스처럼 숨을 많이 들이마셔야 하는 운동인 '유산소 운동'과 근육운동과 같은 '무산소 운동' 중 반드시 하나를 선택해야 한다고 강요하지 않는다. 영국의학저널에 실린 기사에 의하면 두 가지 형태의 운동 모두 효과가 있다고 한다.

둘째, 그룹으로 하는 운동이 혼자 하는 것보다 더 효과적이다. 사람들과 서로 협력하고 격려하면서, 때로는 경쟁하기도 하면서 운동을 할 때 훨씬 큰 효과를 볼 수 있다. 사실 비 오는 날이나, 운동에 조금 늦었을 때, 또는 텔레비전에서 재미있는 영화를 방영할 때 등등 여러 이유로 운동을 하고 싶지 않을 때라도 그룹으로 하는 운동일 때는 되도록 빠지지 않으려고 하기 때문이다. 그룹으로 운동을 하는 사람들은 규칙적으로 운동하는 경향이 있는데 이는 성공에 꼭 필요한 요소이다.

마지막으로 각자가 흥미를 느끼는 운동을 선택해야 한다. 그래야 더 쉽게 오랫동안 계속할 수 있다. 미국에서는 많은 직장인이 아마추어 농구팀을 구성해 일과시간 후에 매주 3번꼴로 1시간 동안 운동을 한다. 물론 농구가 아니라 축구를 할 수도 있을 것이다. 중요한 것은 규칙적이어야 한다는 것이다 (그리고 축구를 할 때는 골키퍼만 해서는 안 된다). 수영을 좋아하고 달리는 것을 싫어하면 굳이 달리기를 고집할 이유가 없다. 결국은 끝까지 해내지 못할 것이기 때문이다.

슈레베르 박사는 환자들에게 헬스 자전거나 러닝머신을 이용해 운동할 때, 비디오나 DVD를 사용해 운동을 좀 더 흥미롭게 만들어보라고 했는데, 그 결과가 매우 만족스러웠다. 재미있는 액션 영화를 하나 골라 운동할 때만 보도록 한다. 이 방법은 여러 가지 면에서 좋다. 먼저 액션 영화는 빠른 음악을 틀어놓고 춤을 추는 것처럼 생리학적으로 사람을 활성화하기 때문에 몸을 더 많이 움직이게 하는 경향이 있다.

두 번째로 재미있는 영화는 시간이 흐르는 것을 인식하지 못하게 하는 약간의 최면 효과가 있다. 20분은 시계를 확인하기도 전에 지나가 버릴 것이다. 그리고 마지막으로 운동을 멈추면 영화를 보지 않기로 했기 때문에 다음 내용이 궁금해 그다음 날에도 운동하게 될 것이다(운동기구 소리가 비교적 큰 편이고 운동하다 보면 집중력도 떨어질 수 있으므로 너무 인간 내면의 문제를 다루는 영화는 피하는 것이 좋다. 그밖에도 운동할 때 너무 웃는 것도 바람직하지 않기 때문에 코믹 영화도 피하는 것이 좋다).

따라서 우울하고 무기력한 일상에 지배당하는 사람일수록 혼자 있는 시간은 최소로 하고, 최대한 몸을 많이 움직여 세포를 건강하고 젊게 만들어 주어야 한다. 혼자 있더라도 TV나 컴퓨터, 스마트폰 같은 대중매체를 통해 시간을 보내는 일은 가급 적 줄이고, 일단 환경을 바꿔 무조건 움직여서 걷고, 뛰어야 한다. 독서를 계획한다면 평소 책 읽는 것이 익숙하지 않은 사람들은 부담이 없는 소설이나 만화책부터 읽는 습관을 들이면 된다. 그리고 주변 사람 중 부정적인 사람들이 있다면 되도록 멀리하는 게 좋다. 이렇게 일상에서 지속적으로 3주 정도 하게 되면 습관의 문으로 들어서게 되고, 약 3개월 이상 몸의 움직임을 점점 더 강화하게 되면 스스로 해냈다는 성취감을 자연스럽게 맛보게 된다. 중요한 것은 운동도 계획성 있게 꾸준하게 실행해야 한다. 하지만 무기력하고 우울한 사람들은 3개월 또는 3일을 움직이기도 어렵기 때문에 매일 아침 작심 1일을 반복하면 된다.

뇌과학에서는 건강하고 지속적인 운동 습관은 우리 뇌의 선조체(Corpus

striatum)를 단련시키는 일인데, 특히 습관에 관여하는 선조체가 꾸준하게 행동을 반복하게 되면 생각하는 뇌, 즉 전전두피질을 건강하게 잘 기능하게 해주고, 세로토닌(Serotonin) 같은 신경전달물질(Neurotransmitter)을 증가시켜 기분을 좋게 하며 의지력도 높여준다. 또한, 일정한 몸의 움직임으로 인해 체온을 높여 체내에 축적되어있는 노폐물들을 배출시키고, 점진적으로 이유 없이 느껴지는 불편함과 원인 모를 통증을 경감시켜 수면의 질 또한 향상시킨다. 반대로 코르티졸(Cortisol)과 같은 스트레스 호르몬의 양을 줄여 나쁜 습관을 줄이고, 좋은 습관은 늘려 준다. 특히 기분 좋고, 좋은 감정을 기억하려고 하는 해마는 선조체에 더 좋은 기억을 저장하기 위해 더 좋은 움직임을 요구하게 되고 결국 서로 계속해서 좋은 방향으로 피드백한다.

이 책을 읽고 있는 당신은 어떠한가? 결국 우리의 뇌는 내가 선택하고 행동하는 것에 따라 무기력해질 수도 있고, 활력을 찾을 수 있다. 지금 당신의 일상이 무기력하고 우울감에 찌들어 있어 미래의 불안에 지배당하고 있는가? 매일같이 침대에서 일어나는 것이 고통인가? 귀차니즘에 사로잡혀 대인 관계 또한 엉망인가? 내일은 더 나아질 거라는 기대조차 포기했는가? 아니면 진정 무기력한 일상을 뛰어넘어 스스로 원하는 삶을 살고 싶은가? 그렇다면 무조건 자리를 박차고 나가 "일단 움직여라! 그리고 걷고! 뛰고 또 뛰어라!" 움직이면 움직일수록 나의 뇌는 새로운 동력을 갖게 되고, 세상을 더 적극적으로 대하게 된다. 결국, 의욕을 회복하게 되어 무기력에서 탈출하는 전환점(Turning_point)을 맞이하게 될 것이다.

끝나지 않은 투쟁

내 안에는
하늘로 날아오르고 싶은 독수리 한 마리 있고
진창에서 뒹굴고 싶은 하마도 한 마리 있다.

성공의 비결은 뒹굴고 싶은 욕망보다
날아오르고 싶은 마음을 따르는 것이다.
그것은 결코 끝나지 않은 투쟁이다.

칼 샌드버그

4.
연애하듯
기분 좋은 시간을 늘려라

우울한 사람들이나 특히 무기력한 사람들은 삶의 진정한 목적과 의미를 깨닫지 못한 채 대부분 하루하루를 무의미하게 흘려보내기도 하고 막연하게 성실하고 열심히만 살아가려고 한다. 주변에서 보면 무언가 열심히 하는 것처럼 보이지만 그들의 일상을 자세히 들여다보면 진정 중요한 일들은 실행하지 못하고 매일같이 주변만 맴돌고 있는 것을 볼 수 있다. 또한, 그들은 무기력에 찌든 일상이 연속되어 얼굴에는 언제나 근심과 걱정, 우울감이 가득해서 대부분 기분 좋은 것들을 선택하지 않는 사람들임을 한눈에 알 수 있다.

미국의 현실치료 권위자 윌리엄 글라써 박사는 '요즘 내가 걱정이 있고, 우울하고, 스트레스를 받고, 화를 자주 낸다면 이 모든 것을 나 스스로 걱정하기로, 우울해하기로, 스트레스 받기로, 화를 내기로 선택했다.'라고 말한다. 이 모든 것을 스스로 선택했기에 선택에 따른 결과 또한 스스로 책임을 져야 한다.

하지만 무기력한 사람들은 의식적으로든 무의식적으로든 스스로 선택하는 것을 책임(Responsibility)지는 능력이 부족한 사람들이다. 원래 책임이란 말은 반응하다(Response)와 능력(ability)이란 단어의 합성어이다. 이 말은 어른이라고 하면 당연히 자신의 능력에 반응할 수 있게 해야 한다는 의미이다. 또한, 반응에 따라 책임을 질 수 있어야 하고 그 책임은 경우에 따라 능력 있음과 능력 없음으로 드러난다. 더불어, 무기력한 사람들은 일상에서 좋은 것보다 좋지 않은 것을 더 많이 선택하기에 무기력한 삶에서 꿈과 목표를 갖는 것도 중요하지만 일상에서 작은 것부터 자신의 감정을 들여다보며 '기분 좋음을 선택할 수 있는 능력'을 길러야 한다. 기분 좋음을 선택할 수 있는 능력은 자신의 감정을 조절하고 관리하는 능력을 갖춘다는 말이다. 그러다 보면 무기력하고 우울했던 부정적 정서(Negative emotion)가 활력 있는 긍정적 정서(Positive emotion)로 자리 잡게 된다.

기분 좋음을 선택하는 것 중 가장 좋은 방법은 "○○하는 척(Pretend)하기"이다. 이 말을 조금 더 쉽게 풀어 보면 "나 스스로 기분이 좋지 않아도 (즐겁지 않아도) 기분 좋은 척하라(If you don't feel full of fun, pretend)."라는 말이다. 우리의 뇌는 스스로 관심을 갖고 있는 것에 주의를 기울이게 된다. 그 뇌 부위는 주의와 집중을 담당하는 전방대상피질(Frontal lobe)이다. 전방대상피질은 우리의 감정과 기억, 스트레스와 고통을 담당하는 편도체(Amygdala)와 연결되어 있는데, 특히 우리가 관심을 두고 노력하는 일련의 과정에 관여한다. 특히 무언가 열심히 하는 과정에서 실수하게 될 때나 그 실수에 의해서 순간 고통스러움이 유발될 수 있다고 경종을 울려준다.

변연계

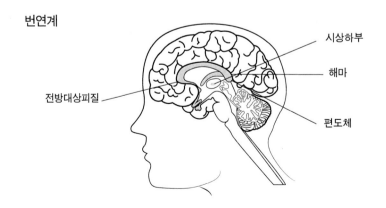

전방대상피질

시상하부

해마

편도체

그래서 스스로 기분 좋은 척하기로 의식을 집중하면 기분 좋은 일들이 자연스럽게 일어나게 되어 있고, 기분 좋은 순간만큼은 내가 우울하지 않고, 무기력하다고 판단하지 않게 된다. 스스로 의식을 동원해서 기분 좋음과 기분 좋은 것을 선택하다 보면 어느 순간 나의 무의식은 기분 좋은 것을 선택할 수 있는 능력을 갖게 된다. 이것 또한 반복된 훈련이고 습관이어서 각자의 일상에서 노력 여하에 따라 익숙한 것들이 먼저 행동으로 옮겨지는 것은 지극히 자연스러운 일이다. 이왕이면 그 행동이 좋은 쪽이면 더할 나위 없다. 여기에 기분 좋음을 선택해서 기분 좋은 감정을 느낄 수 있는 경험과 그 기분 좋은 일들을 공유하는 것만으로도 일상에서 기분 좋은 감정을 유지해서 더 행복한 일상이 유지될 수 있도록 하면 된다.

✚ 기분 좋음을 선택하는 방법

1. 기분이 좋지 않아도 기분 좋은 척하기

   예) 어젯밤에 개 짖는 소리에 잠을 깨서 아침에 컨디션이 좋지 않았는데 아침 회의에 밝은 얼굴로 기분 좋은 척하며 동료들에게 인사했더니 더 기분이 좋아졌다.

2. 기분 좋은 감정을 느낄 수 있는 경험하기

   예) 업무에 집중하다 보니 배가 고파 달달한 바닐라 아이스크림을 먹었더니 기분이 좋아졌다.

   예) 주일이라 가족들과 수목원을 갔는데 녹색으로 뒤덮인 자연의 정취에 행복했다. 무엇보다 편백 나무의 냄새와 자연에서 마시는 따뜻한 아메리카노 한 잔은 나의 뇌를 더 자극했다.

3. 소중한 타인들과 관계 강화를 위한 기분 좋은 경험 공유하기

　예) 지난 주일에 갔던 수목원에서 기분 좋았던 경험을 친구들과 직장 동료들에게

　얘기했더니 얘기만 들어도 힐링이 된다며 조만간 꼭 함께 가자고 약속했다.

노스캐롤라이나 대학교의 바바라 프레드릭슨 교수 또한 좋은 기분은 우리가 그런 기분 느끼기를 좋아하기 때문에 가치가 있다고 했다. 더 나아가 모든 일이 잘되고 있음을, 인생이 순조롭고 성공적이며 안전하고 만족할 만함을 알려주는 신호이기 때문에 유익하다고도 말할 수 있다.

많은 의학 전문가에게 '좋은 기분'이란 '나쁜 기분이 아니다'라는 의미에 다름 아니다. 그들에게 관찰이 필요한 대상은 오로지 '나쁜 기분'뿐이다. 그것이 심장마비나 뇌졸중, 섭식장애, 비만, 자살, 폭력 등을 예고하기 때문이다. 그들에게 좋은 기분은 그저 당신이 그런 위험과 문제에서 벗어나 있을 확률이 높다는 의미에서만 가치를 지닐 뿐이다.

필자 또한 계속해서 언급하고 있는 것처럼 때때로 무기력하고 우울했던 적이 수도 없이 많았었다. 어느 순간 나도 모르게 기분 좋음 대신 기분 좋지 않음을 선택했고, 그 선택은 우울과 무기력으로 은밀하게 내 일상을 지배하기도 했었다. 또한, 다른 사람을 좋지 않게 평가하는 평가의 달인이 되기도 했다. 정말 어리석게도 스스로 우월하다고 생각해서 다른 사람들을 평가 절하하고 하향 평준화시키고 있었던 것을 알 수 있다.

지금 생각해 보면 참 창피한 기억이다. 가끔은 업무와 학습에 열중한 뒤에는 나도 모르는 사이에 표정이 많이 굳어 있어서 주변에서 '말을 건네기가 너무 어렵다. 차가워 보인다'라고 말하는 사람들도 있었다. 그런 말을 자주

듣다 보니 다른 사람들의 말에 조금 더 귀 기울일 수 있게 되었고, 자연스럽게 내 얼굴은 물론 다른 사람들의 표정과 몸짓 등 비언어적인 커뮤니케이션에 관심을 갖게 되었다.

『웃음의 심리학』 저자 마리안 라프랑스는 19세기 영국 소설에서 한 여자의 사랑을 얻기 위해 여러 남자가 구애하는 모습을 볼 수 있었다. 에버딘이라는 여자는 자신을 사랑하는 세 명의 남자를 저울질하면서 결국은 전부다 놓치고 만다. 그중에 가브리엘 오크의 진짜 웃는 모습을 아래와 같이 표현했다.

> "농부 오크는 웃을 때 입꼬리는 양 귀까지 찢어지고 눈은 거의 보이지 않을 정도로 작아지면서 눈 주변에 주름이 생기고, 떠오르는 태양의 모습을 대충 스케치할 때 쭉쭉 뻗는 햇살을 묘사한 것과 같은 주름이 눈가에서 뻗어 나간다."

이처럼 에버딘은 가브리엘 오크의 웃는 모습을 통해 다른 남자들과 비교할 수 없는 진정성 있는 사랑이 있었음을 알고 뒤늦게 후회한다.
프랑스의 생리학자 뒤센 드 블로뉴(Dudhenne de Boulogne)는 웃음은 즉흥적으로 터져 나오는 순수한 기쁨만 반영하는 것으로 다음과 같이 설명했다.

> "큰 광대뼈 근육이 수축하고 입꼬리가 위로 잡아 당겨지고, 윗입술이 올라가면서 뺨은 위쪽으로 당겨진다. 윗입술은 올라가

고 입둘레근육 아래쪽이 수축하며, 아래 눈꺼풀의 주름과 눈 밑 주름은 더 단단해지고 커진다. 눈썹은 살짝 처지는데, 이는 입둘레근육의 위쪽과 아래쪽이 모두 어느 정도 수축했다는 것을 보여준다.

활짝 웃을 때 뺨과 윗입술은 상당히 올라가고, 코는 짧아진다. 위쪽 앞니는 일반적으로 드러난다. 코 옆의 팔(八)자 주름이 선명하게 새겨지는데 이는 양 콧볼에서 입꼬리까지 날개처럼 펼쳐진다……."

이처럼 뒤셴의 웃음에 대한 묘사는 오늘날까지 표준이 되고 있다. 또한, 뒤셴은 얼굴 감각을 모두 상실한 사람을 대상으로 하여 전기 자극을 통해 웃을 때 나타나는 여러 가지 변화를 측정했는데 자연스러운 웃음은 큰광대뼈근육이 활성화되면 나오는 웃음이었다. 전류를 조절해서 큰광대뼈근육을 다양한 각도로 수축해보면 입꼬리는 낮은 자극일수록 아주 미세하게 움직였고, 높은 자극일수록 활짝 웃는 표정이 나타났다.

큰광대뼈근육뿐만 아니라 주변의 다른 얼굴 근육들도 전기 자극을 주어 웃음과 유사한 표현을 확인했지만 마찬가지로 큰광대뼈근육의 수축이 일어났다. 그런데 웃을 때 공통적으로 나타나는 눈둘레근육은 움직이지 않은 것으로 나타났다. 눈둘레근육이 수축하고 이완하면서 뺨을 잡아당기듯 한 느낌이 들고 눈꺼풀 밑에 있는 주름이 잡히고, 눈빛은 자연스럽게 빛이 나고, 눈꼬리에 붙어 있는 피부는 까마귀발주름을 만들어내는데 결국 뒤셴은 웃음이란 '입둘레근육과 눈둘레근육이 수축과 이완을 통해 만들어내는 것이라고 했다.

이처럼 사람이 정말 행복하고 기분이 좋을 때는 입둘레근육과 눈둘레근육이 수축과 이완을 반복해서 나타나는 '뒤센웃음'을 보인다. 그러나 무기력하고 우울한 사람들에게는 뒤센웃음을 거의 찾아볼 수 없고 웃더라도 형식적이고 사교적인 입둘레근육만 움직이는 것이 전부이다.

또한 『세로토닌하라』의 저자 이시형 박사는 우리의 뇌에는 마음의 날씨, 즉 마음 상태를 결정하는 신경전달물질(Neurotransmitter)이 3가지가 있다고 했다. 이 신경전달물질들은 도파민, 노르아드레날린, 세로토닌인데 스스로 어떤 마음 상태를 유지하느냐에 따라서 분비되는 물질로 몸의 세포 반응도 달라진다고 강조했다. 조금 더 쉽게 말하면 기분 좋은 마음 상태를 가지면 좋은 물질이 분비되고, 기분 나쁜 마음 상태를 가지면 나쁜 물질이 분비된다는 말이다.

특히 이 3가지 신경전달물질은 펜데믹으로 인한 불확실한 시대를 살아가는 현대인들의 소진(Burn-out)된 마음을 이해하는 데 정말 중요하다. 이 신경전달물질들은 뇌간(Brain stem)을 중심으로 신경이 분포되어 있다. 뇌간은 뇌 전체에서 좌우의 대뇌 반구(大腦半球)와 소뇌를 제외한 나머지 부분. 뇌의 맨 아랫부분으로 중뇌(中腦), 뇌교(腦橋), 연수(延髓)로 구성된다.

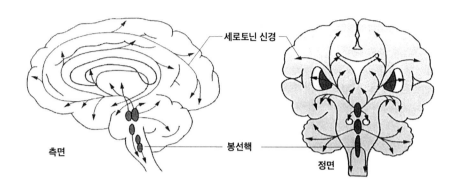

세로토닌 신경

측면

봉선핵

정면

<출처: 세로토닌하라>

첫 번째 도파민 신경은 뇌간을 중심으로 습관에 담당하는 선조체(Corpus_striatum)의 양쪽에 분포되어 스스로 신바람 나게 일을 하고 그 노력에 대한 대가와 보상을 기대하게 하면서 동기부여에 관여하는 안와전두피질(Prefrontal cortex)을 끊임없이 자극한다. 두 번째 노르아드레날린 신경은 급한 일이 발생했을 때 편도체(Amygdala)와 전전두피질(Frontal cortex)에게 현재 일어나고 있는 상황을 알려 서로 원활한 의사소통을 통해 좋은 결과물들을 내려고 노력을 기울인다. 세 번째 세로토닌 신경 또한 뇌간의 정중부에 위치하면서 전전두피질과 편도체의 균형상태를 유지하기 위해 노력하고 특히 공감하는 뇌의 중심 역할을 하고 있어 우리의 생존을 위해 뇌의 전체 기능을 조율하고 있다.

필자는 2001년부터 레크리에이션 강사로서 사람들 앞에 서는 직업을 선택했었다. 또한, 2004년부터 강의의 한 분야로 웃음이라는 영역에 의학과 심리학, 뇌과학, 인문학, 경영학, 인지과학, 철학, 신화 등 변화하고 번성하는 사람 중심의 웃음임상심리치료를 국내에서는 유일하게 강의하고 있다. 그 당시에는 웃음치료에 관련한 자료는 물론 체계적인 치료적 접근법이 거의 없어서 한 번 웃고 끝나는 이벤트에 가까운 강의에 스스로 한계를 느끼던 상황이었다.

그래서 예전 군 의료시설에서 응급구조사로 활동하면서 기초의학지식과 임상경험을 토대로 2007년부터 한국웃음임상치료센터(대표 정해성)에서 주관하는 국내 최초 의료인과 의료종사자를 대상으로 하는 '웃음임상치료사 교육과정'에 참여하고 나서야 비로소 웃음치료 강의에 치료적인 접근을 더 할 수 있었다.

2013년 어느 날 12시가 거의 가까운 밤이었다. 막 잠자리에 들던 순간 평소 저장되어 있지 않은 번호로 전화가 왔다. 대부분 밤늦게 오는 전화들은 좋은 소식보다는 안 좋은 소식이어서 망설이다가 받게 되었다.

"선생님, 예전에 ○○에서 교육받은 ○○○이에요. 저 이번에 KBS ○○극장에 출연하게 되었어요. 그것도 인간극장에서 가장 권위 있는 성공스토리에 5부작으로요. 방금 출연을 확정하고 나서 가장 먼저 선생님이 생각나서 전화드렸어요. 선생님의 교육을 통해 제가 다시 일어설 수 있게 되었어요. 선생님께 정말 감사하다고 제일 먼저 말씀드리고 싶어서 밤늦게 실례인 줄 잘 알면서도 전화했어요. 선생님도 저처럼 기분 좋으시죠?"

기억을 더듬어보니 그분이 누구인지 알 수 있었다. 남편과 이혼 후 고향으로 내려와 무기력한 일상을 살아가고 있는 자신을 위해 가장 많이 울고 누구보다 열심히 참여했던 기억이 있어 함께 기쁨을 나눌 수 있었다.

여태껏 교육과 강의를 통해 삶을 비관하고, 우울해하고, 불안해하고, 무기력한 사람들을 수도 없이 만나면서 알게 된 공통점은 '스스로 기분 좋음을 선택하는 것이 부족한 사람들'이라는 것이다. 그들은 가끔 '기분 좋음을 선택할 수는 있어도 기분 좋음을 오래 유지할 수 없는 사람들'이다. 우리의 뇌는 자주 생각하고, 스스로 관심을 두는 것에 에너지를 쏟게 된다. 감정 또한 마찬가지이다. 좋은 쪽의 감정을 선택하면 좋은 감정을 느끼게 되고, 행동 또한 좋은 쪽으로 나오게 되어 목표로 하는 일에 있어서도 좋은 결과물들을 낼 가능성 또한 높아진다.

무엇보다 사람은 기분이 좋으면 바뀌게 되어 있다. 한마디로 말하면 삶의 대부분 영역에서 '자발성(Spontaneity)'을 갖게 된다. 자발성이란 남의 지시나 영향에 의하지 않고, 자기 스스로의 의지에 따라 행동하는 성질이나 특성을 말한다. 사람이 자발성을 갖게 되면 현재의 직업에서 맡은 바 일을 잘하려고 하고 더 잘할 수 있게 된다. 업무의 성과에서도 시간이 지날수록 탁월성을 발휘하게 되고, 주변 사람들과의 관계에 있어 더 좋은 쪽으로 오래 유지하려고 노력한다.

이 모든 것은 아주 자연스럽게 스스로 삶을 대하는 태도나 사람을 대하는 태도로 연결되기에 혹시 주변에 나를 기분 좋게 해주는 사람이 있다면 무조건 감사해야 한다. 그만큼 기분 좋은 일들을 경험하는 것은 나의 행복과도 직결되기 때문이다. 이러한 현상은 무기력하고 우울한 일상에서 빠져나와 삶을 성공으로 이끌 수 있는 가장 큰 자원이 된다는 것을 깨달아야 한다. 무엇보다 기분 좋음을 선택할 수 있는 것은 앞서 언급했던 부족한 회복탄력성을 높이는 일과 같다. 혹시 당신의 삶도 무기력하고 하루하루가 무의미하고 근심과 걱정, 미래에 대한 불안으로 가득하다면, 진정 내 삶의 주인공으로 다시 태어나고 싶다면 지금 당장 "기분 좋음을 선택하라."

신뢰의 속도만큼 빠른 것은 없다

신뢰의 속도만큼 빠른 것은 없다.

신뢰의 관계만큼 만족스러운 것은 없다.

신뢰를 보내는 것만큼 사람들을 고무시키는 것은 없다.

신뢰의 경제학만큼 높은 수익을 가져다주는 것은 없다.

신뢰의 평판만큼 영향력이 큰 것은 없다.

스티븐 M. R. 코비

5.
통제 가능한 것에
최선을 다하라

사람은 누구나 행복해지기를 원하지만 행복해지는 구체적인 방법을 모른 채 평생을 살아간다. 강연과 교육을 통해 많은 사람을 만나면서 깨달은 점은 행복한 사람들을 더 행복하게 하기는 쉽지만, 불행한 사람들을 행복하게 해주는 것은 어려운 일이다. 그래서 나는 불행한 사람들을 조금 덜 불행하게 해주는 것에 초점을 맞추고 있다. 유감스러운 말이지만 행복한 사람들은 스스로가 행복할 수 있는 자원과 능력이 있는 사람들이고 반대로 불행한 사람들은 그럴 능력과 자원이 부족한 사람들이라고 해도 과언이 아니다.

우리는 초, 중, 고 시절부터 열심히 공부해서 대학 졸업 이후에는 얼마든지 행복하고 성공할 수 있다고 배웠다. 필자 또한 그렇게 생각했다. 하지만 그것은 거짓이나 다름없는 현실이었고, 여태까지 우리가 학교로부터 받았던 교육은 주입식 교육으로 세뇌당한 채 미래의 예비임금노동자들로 양성되는 것이었다. 그 결과 현대인들은 스스로 질문하고 답할 수 있는 생각할 수 있는 기능을 상실하게 되었고, 주변 사람들과의 관계 대신 스스로 고립을 선택하는 사람들이 점점 더 늘어나고 있다. 또한, 어떤 문제를 해결하기 위해 직면하기보다는 회피를 선택하고, 삶의 활력 대신에 무기력과 우울로 생존을 위해 살아가고 있다.

행복한 나라로 잘 알려진 히말라야산맥의 산악국 '부탄'국민은 물질적으로 그다지 풍요롭지 않아도 국민의 97%가 행복하다고 말한다. 또한 '부탄'에서 태어난 것이 어느 무엇보다도 더 큰 자부심과 애국심을 갖게 한다고 한다. 인구는 광주광역시 절반 정도로 70만 명이 조금 넘는 작은 나라이지만 국민의 삶의 만족도는 세계 최고라고 할 수 있다. 1972년대 16살의 어린 나이에 제4대 국왕에 즉위한 지기메 싱케 왕추크 국왕은 주변의 많은 나라가 경제적인 성장에 온 힘을 기울일 때 그는 부탄 국민 한 사람 한 사람이 고민이 없고, 속 터지는 일이 없는 삶을 살 수 있도록 부탄행복연구센터를 직속 기관으로 설립할 정도로 국정 운영에 독자적인 철학을 갖고 있었다. 한 마디로 부탄 국민이 일생을 사는 동안 '풍요와 풍족'도 중요하지만, 정신적이고 심리적인 균형을 위한 주관적 만족감, 즉 '행복(Happiness)'이 우선이 되는 사회를 지향했다. 우리가 통상 알고 있는 웰빙(Welling)이라는 개념 또한 한 평생 잘 먹고 건강하게 잘 사는 것이지만 불확실한 엔데믹 시대를 살아가는 사람들의 마음속에는 반드시 지기메 싱케 왕추크 국왕이 강조한 정신적인 부분인 '고민이 없는 삶'과 심리적인 부분인 '속 터지는 일이 없는 삶'을 살 수 있는 자원을 갖추어야 한다.

특이한 점은 부탄에서는 첫눈이 내리는 순간 국가의 모든 기관과 학교, 병원, 시설 등이 국경일이다. 이와 같은 이유는 첫눈이 내리는 설렘을 안고 퇴근해서 자신의 가족들을 포함하여 소중한 타인(Significant others)들과 행복한 시간을 보낼 수 있도록 하는 국가의 배려다. 우리나라와 비교했을 때 정말 부러울 수밖에 없다. 세계에서 신호등이 없는 유일한 나라이고, 텔레비전이나 핸드폰 같은 근대화의 물결이 시작된 것도 1999년부터다. 농사 또한 자신이 먹고살 수 있을 정도의 토지를 무상으로 공급받아 큰 욕심 없이 자신의 삶에 최선을 다하면서 살아간다. 또한, 이혼율이 거의 없고, 거리에는 노숙자나 부랑자들이 없을 뿐 아니라 부모가 죽고 없는 자녀들은 그들의 친척들이 의무적으로 양육해야 하고, 살면서 해결하지 못하는 문제에 직면했을 때는 누구나 국왕에게 직접 문제를 논의할 수 있다.

주목해야 할 점은 부탄 국민의 1인당 연간 소득은 우리나라 돈으로 채 200만 원이 되지 않는다. 어떻게 경제적인 수입이 저렇게 적은데 국민이 각자의 삶에 만족하면서 살 수 있을까? 이것은 국가의 정책과 시스템에 대한 만족도가 그만큼 높다는 말이다. 나는 교육이나 강연을 할 때 직접 청중들에게 '연봉이 얼마 정도 되면 좋겠습니까?'라고 수시로 질문을 한다. 대부분 적게는 5천만 원부터 많게는 1억 이상의 고액 연봉을 받기를 원하지만 웬만한 직장에서는 희망사항일 뿐이다. 무엇보다 희망이 현실이 되기 위해서는 자신의 능력은 기본이고, 각자의 행복한 삶을 위해서 통제 가능한 것과 통제 불가능한 것을 구분할 줄 알아야 한다. 안타깝게도 무기력하고 우울의 패턴에 갇혀 있는 사람일수록 자신의 능력에 비해 성취하려는 이상이 너무 높아 통제 불가능한 것에 에너지를 쏟는다.

마틴 셀리그만의 〈긍정심리학〉에서는 행복을 100%라고 했을 때 이미 나의 행복 중에 50%는 내가 태어난 환경과 부모님의 유전자에 의해서 결정되고 설정되기에 스스로 통제 불가능한 것임을 알 수 있다. 조금 더 쉽게 말하면 우리는 태어날 때부터 행복해지는 쪽으로 또는 불행해지는 쪽으로 어느 정도 결정되어 진다. 하지만 열심히 최선을 다해 살아가다가 어느 순간 삶의 위기에 직면할 때면 자신을 낳아준 부모님과 태어난 환경을 원망하면서 삶을 비관하고, 뜻대로 되지 않는 현재를 통제할 수 없는 것에 심리적 박탈감을 느끼게 된다.

100% 중 나머지 10%는 외적 조건에 의해서 행복해질 수도 있다. 그 조건은 많은 시간과 자본을 투자해서 충족할 수 있는 것인데 집과 자동차, 학력이나 외모, 배우자 등 어느 정도 내 능력을 발휘하고, 일정 시간 진득하게 노력해서 얻어낼 수 있는 결과물이어서 제법 많은 에너지를 쓰게 한다. 이 외적인 조건들 또한 통제 불가능한 것들이 많은데도 불구하고 오늘날 현대인들이 이 조건을 충족하기 위해 살아간다. 스스로 10%가 통제 불가능한 것이라고 여겨지면 에너지를 쏟을 필요는 없다.

하지만 나머지 40%는 스스로 노력해서 얼마든지 내 삶을 행복해지는 쪽으로 전환할 수 있다. 이것은 물질적인 부나 경제적인 부를 뒤로한 채 진정한 웰빙에 필요한 요소를 갖추는 것인데 내가 처한 현재를 느끼는 것이 부정적인 정서에 가깝다면 긍정적 정서(Positive Emotion)로 전환하고 일과 직업에 있어서 몰입(Engagement)하는 것 또한 스스로 통제하에 즐길 수 있는 것이라면 얼마든지 행복해질 수 있다. 주변 사람들과의 관계(Relation)에서도 자연스럽게 더 좋은 쪽으로 오래 유지할 수 있고, 스스로 무슨 일을 하든 어디에 있든지 현재 자신이 처한 상황에서 유리한 쪽으로 해석해서 의미(Meaning)를 부여할 수 있고, 크고 작은 목표를 성취(Accomplishment)하는 것 또한 통제 가능한 것이다. 나머지는 이미 언급한 긍정적 정서, 몰입, 의미, 관계, 성취를 더 만개할 수 있게 지원해주는 강점(Strength)이나 회복력(Resilience), 긍정심리치료(Positive psycho therapy) 등인데 이 또한 통제 가능한 것으로 스스로의 노력으로 얼마든지 성취 가능한 것이니 충분히 기뻐

해도 된다.

조금 오래전 16세기 말 코페르니쿠스는 태양이 우주의 중심이고, 지구가 태양 주위를 돌고 있다는 지동설을 주장했다. 우주의 중심은 지구가 아니라 태양이며, 태양을 중심으로 수성, 금성, 지구, 화성, 목성, 토성 순으로 원을 그리며 공전하고 있다는 것이다. 그 이후 갈릴레오 갈릴레이 또한 지동설을 지지하고 나섰는데 당시 로마 종교계의 큰 반발을 불러일으켜 끊임없는 탄압과 함께 재판에 회부 되었다. 두 번째 판결에서 유죄 판결을 받은 그는 지동설을 포기하겠다는 선언서를 읽은 직후에도 혼잣말로 "그래도 지구는 돈다." 라는 유명한 일화를 남긴 인물이다.

급변하는 4차 산업혁명시대와 엔데믹 블루에 시달리고, 무기력과 우울의 악순환 고리에 빠져 있는 사람들은 하루하루를 버텨내듯이 이중고를 겪고 있다. 그런 사람들일수록 이제 '태양'을 우리의 삶의 중심인 '행복'으로 놓을 수 있어야 한다. 태양, 즉 행복을 각자의 삶의 중심에 두고 그 주변을 돌고 있는 수성을 성공으로, 금성을 건강으로, 화성을 관계로, 목성을 돈으로, 토성을 시간으로 여길 수 있는 패러다임의 전환이 필요하다. 하지만, 안타깝게도 무기력하고 우울한 사람들일수록 성공을 삶의 중심에 놓고 산다. 성공하면 나 스스로 얼마든지 행복할 수 있고 건강, 관계, 돈, 꿈의 성취 또한 이룰 수 있다고 생각한다. 물론 틀린 말은 아니다. 하지만 성공은 또 다른 성공을 목표로 하게 만들어 성공에 중독되게 하고, 긴급한 일의 횡포에 시달리며 현재의 행복을 누리지 못한 채 자꾸 내일로 미루게 된다.

그래서 무기력하고 우울한 사람들일수록 삶의 중심을 성공보다는 행복에 두었을 때가 훨씬 더 건강한 삶을 살 수 있고, 장수할 수 있게 된다. 주변 사람들과의 관계 또한 한층 더 강화되고 확대될 수 있고, 스스로 목표로 해놓은 것들을 성취할 수 있는 기회 또한 더 많아지게 된다는 것을 명심해야 한다.

상처와 실패로 인해 하루하루를 무기력하게 살아내는 사람들일수록 이제는 무기력과 우울이라는 가면을 벗고 행복이라는 스텔스 방탄복을 걸칠 수 있어야 한다. 이것은 내 삶이 더 행복해질 수 있는 것에 초점을 맞추는 것으로 내 삶의 우선순위를 바꿔 스스로 무엇이 통제가 가능한 것인지 불가능한 것인지를 구분하는 작업을 거쳐야 한다. 이 작업이 있어야 중요한 것과 그렇지 않은 것을 구분할 수 있고, 긴급한 일의 횡포에 시달리는 일도 적어지고 중요한 일에 에너지를 쏟을 수 있게 된다. 그러기 위해서는 항상 새로운 것을 배우기를 선택해야 하고 그 배움의 불편을 통제 가능한 것으로 당연하게 받아들여 가까운 미래의 편리를 위해서 끊임없이 노력해야 한다. 그러면 어느새 무기력이라는 통제 불가능한 불편은 행복이라는 통제 가능한 편리가 되고, 더불어 주변 사람들 또한 행복해질 수 있게 된다.

행복한 사람

행복에는 여러 가지 형태가 있다.
돈 있는 것도 행복의 하나요
지위 있고 명예 있는 것도 행복의 하나이다.
그러나 그중에는 별다른 일이 없고

사고 없이 평온하게 지내는 것이

가장 큰 행복이다.

또 불행은 여러 가지 형태가 있는데

사람에 따라 그 경우가 천차만별이다.

그러나 그중에도 가장 불행한 것은

마음이 사방으로 흩어져서

스스로 마음을 잡지 못하는 것이다.

내 마음을 조용히 하는 데에 여미고 있는 사람은

적어도 행복한 사람이다.

작자 미상

6.
생각을 바꾸어
따지고 덤벼들어라

    무기력한 사람은 스스로 무기력하기로 선택했다는 것을 인지(Cognitive)하지 못한다. 인지란 사람을 보는 시각과 세상을 보는 시각이고 자신에 대한 믿음이자 세상에 대한 믿음이다. 쉽게 말하면 자신의 눈으로 사람과 세상을 어떻게 보고 판단하는지를 의미한다. 그런데 무기력한 사람들은 자신은 물론 사람과 세상을 좋지 않은 눈으로 보고 판단하고 해석한다. 그 해석은 분명 스스로 하는 것인데 그들의 눈에는 좋지 않은 것들을 먼저 보고 어떤 사건이나 상황을 부정적으로 판단하고 해석하는 것이 자신도 모르는 사이에 일어난다는 것을 전혀 깨닫지 못한다.

    그래서 무기력한 사람은 사람과 세상을 대할 때나 어떤 사건이나 상황에 직면했을 때 항상 좋지 않은 결과를 만들어내는 것이 악순환처럼 되풀이된다. 이것은 분명 문제이고 장애인데 그것을 스스로 문제라고도 인식하지 못한다. 그래서 무기력하거나 또는 우울하고 불안한 사람은 사람과 세상을 좋은 쪽으로 보고 대하는 방법, 즉 고장 난 생각을 좋은 쪽으로 전환해서 나의 감정과 행동 또한 건강하게 느끼고 표현될 수 있게 해야 한다. 한마디로 말하면 '부정적인 인지를 긍정적인 인지로, 부정적인 정서를 긍정적인 정서로, 학습된 무기력을 학습된 낙관주의로 전환하는 것'이다. 그럼 구체적인 치료법을 알아보자.

사람의 생각은 감정과 행동에 큰 영향을 미친다. 스스로 어떤 사건이나 상황을 생각하는 방식이 오류를 범하게 되면 세상을 사는 데 다양한 문제가 발생하게 된다. 특히 무기력하고 우울한 사람들은 이러한 사고 패턴의 문제가 심각하다는 것을 알 수 있다. 여기에 적절한 치료법이 바로 인지행동치료법이다.

인지행동치료(CBT: Cognitive Behavioral Therapy)란 사람의 정신적, 심리적인 문제를 찾아내서 해결하는 방법으로 세상을 바라보는 시각과 사람을 대하는 방식을 전과 다르게 새롭게 바꾸는 치료법이다. 대표적인 치료법으로는 알버트 엘리스의 합리적정서행동치료(Rational Emotive Behavioral Therapy)와 아론 벡의 인지치료(Cognitive Behavioral Therapy), 그리고 마틴 셀리그만의 ABCDE 법칙이 있다. 그럼 무기력을 치료할 수 있는 치료방법을 구체적으로 알아보자.

첫째, 합리적정서행동치료(REBT)의 알버트 엘리스 박사는 어떤 사건이나 상황에 대한 비합리적이고 왜곡된 신념이나 부정적인 사고가 부정적인 결과를 초래한다고 했다. 즉, 스스로에 대한 믿음이 합리적이지 못해서 정서적 왜곡이 발생한다. 그래서 스스로에 대한 비합리적이고 왜곡된 신념을 합리적이고 긍정적인 신념으로 변화될 수 있도록 유도하는 과정이다. 즉 인지 과정에서 도움을 주는 것이 바로 합리적 정서 행동치료(REBT)다. 이것을 알파벳 ABCDE모델이라고 하는데, A는 선행사건, B는 비합리적 신념, C는 B로 인한 결과, D는 잘못된 B에 대한 논박, E는 D로 인해 새로 생겨난 믿음을 말한다. 그럼 구체적인 예를 통해 알아보자.

A(Activating Events) 선행사건을 의미한다.

예) 지난 1년 동안 준비한 시험에 떨어졌다.

B(Beliefs) 비합리적 생각, 왜곡된 신념을 의미한다.

예) 창피함과 괴로움은 말할 것도 없고 수치스럽기까지 했다.

C(Consequence) B로 인한 결과를 의미한다.

예) 미래에 대한 불투명, 불안과 좌절감으로 인해 공부할 엄두를 못 내고 있다.

D(Disputation) 잘못된 B에 대한 논박

예) 시험 당일 감기에 걸려서 시험에 집중하지 못했다. 그래서 결과가 좋지 못했다.

E(Efficient Philosophy) D로 인해 새로 생겨난 믿음

예) 무엇보다 컨디션을 관리하지 못한 내 잘못이 컸고, 감기가 아니었다면 시험에 합격
했을 거야. 그래, 다시 마음을 가다듬고 한 번 더 도전하자.

중요한 것은 B(Beliefs), 즉 내담자의 비합리적인 생각이나 왜곡된 신념을
찾아내서 B'로 바꾸어 주는 것인데 무기력하고 우울한 사람들 또한 마찬가
지로 B를 B'로 전환해주는 것이 치료의 핵심이다. 이때 치료자는 내담자의
B가 잘못되었다고 논박해줘야 하고, 내담자와 치료자의 논박 강도가 세면
셀수록 내담자는 건강하고 합리적인 사고의 전환을 통해 삶을 더 활력 있게
살아갈 수 있는데 한 가지 주의해야 할 점은 치료자는 논박할 대상이 사람

이 아닌 그 사람의 생각이라는 점을 명심하면서 내담자가 치료자로부터 존중받는 느낌이 들도록 하고, 내담자의 인격을 모독하는 행위는 절대 해서는 안 된다.

두 번째로 인지치료의 대가 아론 벡은 평소 사람의 우울증에 대해서 관심이 많았다. 특히 부정적 인지의 3요소라고 하는 자기, 세상, 미래가 왜곡되고 부정적인 사고방식으로 상호 작용하면서 수시로 자신을 비판하고 세상을 원망하면서 미래에 대한 불확실성을 가중해 무기력을 야기한다. 또한, 사람은 어떤 상황이나 사건을 통해서 자신도 모르는 사이에 자동적으로 떠오르는 생각들이 있다. 말 그대로 자신의 의지나 노력 없이 순식간에 자동적으로 생각이 떠오르는 것을 '자동적 사고(Automatic thought)'라고 한다. 이것은 한 사람에게 형성되어 고착되어 있는 사고의 패턴이다. 예를 들어 친구에게 전화를 걸었는데 계속 받지 않자 '나하고 통화하기 싫어서 전화를 받지 않는 거야.'라고 자동적으로 생각이 떠오르게 되는 것을 말하는데 휴대폰 배터리가 없어서 전화를 못 받았다는 것을 알고 나서야 비로소 자신의 생각이 잘못되었다는 것을 깨닫게 되는 것을 말한다. 인지치료는 논박할 때 소크라테스식 대화법을 통해 과거의 사건이나 상황보다는 지금 여기에서 스스로 잘못된 신념을 찾을 수 있게 돕는다. 그러면 구체적인 예를 통해 알아보자.

치료자 **당신은 왜 당신이 선택한 대학에 들어갈 수 없을 것으로 생각하지요?**

환자	왜냐하면 제 성적이 그다지 좋지 않기 때문이죠.
치료자	**평균 성적이 얼마지요?**
환자	음, 고등학교 마지막 학기 전까지는 정말 좋았어요.
치료자	**일반적으로 당신 평균점수는 얼마인가요?**
환자	A학점과 B학점이요.
치료자	**각각 얼마나 되지요?**
환자	제가 생각하기에는 거의 모든 점수가 A였어요. 그런데 마지막 학기에서 형편없는 점수를 받았어요.
치료자	**그때 점수가 어땠나요?**
환자	A 2개하고, B 2개였어요.
치료자	**내가 보기에 당신의 학점은 거의 A인 것 같은데요. 당신은 왜 그 대학에 들어갈 수 없을 것으로 생각하나요?**
환자	경쟁이 아주 치열하기 때문이에요.
치료자	**그 대학의 입학 평균학점이 얼마인지 알아냈나요?**
환자	저, 어떤 사람이 저한테 그러는데요. 평균 B+이면 충분할거래요.
치료자	**당신의 평균점수는 그보다 더 좋지 않은가요?**
환자	좋다고 생각해요.

위에서 치료자는 내담자에게 질문을 유도하면서 스스로 답하게 한다는 것을 알 수 있다. 이처럼 아론 벡의 인지치료는 환자 스스로 잘못된 결론을

내리는 인지적 오류를 소크라테스식 대화법을 통해 전환하는 방식, 즉 '인지적 재구조화 과정'을 거치는 것으로 치료의 핵심은 내담자 스스로 자동적으로 떠올리는 생각을 찾아내는 것이라 할 수 있다. 위의 예에서 환자는 성적이 좋았음에도 불구하고 매 시험에서 A학점 이하의 점수를 받는 것은 시험에 실패한 것이라는 '핵심 믿음'으로 인해 A학점 이하의 점수는 곧 시험 실패라는 '자동적 사고'가 형성된다. 그래서 이 환자는 시험을 보는 생각만 해도 우울감이나 좌절감, 무력감을 느끼게 될 가능성이 높아진다. 상담 경험이 많지 않은 사람들은 이 핵심 믿음을 찾는 것이 쉬운 일이 아니기에 치료 과정에 더욱더 신중해야 한다.

세 번째로 마틴 셀리그만의 ABCDE 방법이다. 셀리그만 또한 왜곡된 믿음은 자기 스스로의 생각에서 비롯된 결과라고 말하면서 생각의 실체에 대해서 반박하는 것이라고 했다.

A(Adversity)는 각자에게 생긴 불행한 사건을 말한다.
B(Beliefs)는 불행한 사건을 당연하게 여기는 왜곡된 믿음이다.
C(Consequence)는 왜곡된 믿음을 토대로 내린 잘못된 결론이다.
D(Disputation)은 각자의 왜곡된 믿음에 대한 반박이다.
E(Energizing)는 왜곡된 믿음을 반박하고 난 후 각자가 갖게 되는 활력이다.

그럼 마틴 셀리그만의 저서 『긍정심리학』의 사례를 통해 반박하는 법을 배워보자.

A(Advercity) 불행한 사건

결혼을 전제로 한 애인과 만남이 계속되면서 서로에 대한 단점을 자주 보게 되었다. 거기에 집 문제로 인해 서로의 경제력에 대한 원망 아닌 원망을 하게 되고 양가의 집안 문제로 고성이 오가게 되었다. 결국 서로 결혼에 대해서 다시 생각해 보기로 했다.

B(Beliefs) 왜곡된 믿음

현재 우리는 무엇인가 잘 맞지 않는다. 다른 사람들처럼 결혼을 준비하는 것이 즐겁고 행복해야 하는데 말이다. 앞으로 결혼 이후를 생각하니 너무나도 암담하다. 주변에 좋은 사람들은 넘쳐나는데 정말 이 사람과 결혼을 해야 하나?

C(Consequence) 잘못된 결론

정말 화가 난다. 이 결혼에 대해서 다시 생각해봐야겠다.

D(Disputation) 반박

아니야, 요즘 우리는 각자 일에 바빠서 제대로 쉬지도 못했어. 휴일인데도 일하느라 동생 결혼식도 참석하지 못할 정도였으니까. 서로 사귄 시간이 3년이나 되었는데 결혼에 대해서 다시 생각해 보겠다는 나 스스로가 참 속이 좁구나…. 결혼을 준비하면서 이런 언쟁쯤은 누구나 다 겪는다고 들었어.

E(Energizing) 새로운 활력

그 사람의 입장을 조금 헤아려 주자. 양가 집안까지 언급하며 목소리를 높였던 것은 사실 내가 많이 민감했던거야. 그때 내가 좀 참았으면 좋았을 텐데…. 내일 만나면 내가 먼저 사과해야지!

위와 같이 자신의 생각이 무엇인가 잘못되었다고 느낄 때면 수시로 생각을 바꾸어 반박해보자.

네 번째로 일상에서 누구나 접할 수 있는 일들을 건설적이고 미래지향적인 방향으로 바꿀 수 있는 긍정심리요법을 소개한다. 사람은 어떤 상황이 발생했을 때 각자의 삶의 방식에 따라 상황을 전혀 다르게 평가한다고 긍정심리학자들은 말한다. 어떤 사람은 좋게 평가하고 어떤 사람은 좋지 않게 말이다. 내가 긍정심리학을 강의나 교육에서 활용한 지 20여 년이 되었지만, 긍정심리요법은 누구나 어렵지 않게 따라 할 수 있는 치료법임을 매번 실감하고 있다. 그럼 다음과 같이 세 가지 차원으로 설명해보자.

첫 번째는 현재 일어난 사건이 계속해서 일어날 것인지 아니면 이번 한 번만 일어날 것인지를 말하는 것으로 영속성과 일시성으로 분류한다. 아래와 같이 예를 들어 설명해보자.

예) 좋은 일이 생겼을 때: 오랫동안 준비했던 시험에 합격했을 때

영속성	일시성
"역시 나는 어떤 시험이든 합격해"	"이번 시험은 공부한 대로 정말 쉬웠어."

예) 나쁜 일이 생겼을 때: 배탈이 났을 때

영속성	일시성
"나는 조금만 과식을 해도 배탈이 나."	"고기만 먹으면 배탈이 나."

두 번째는 현재의 사건이 다른 일에도 영향을 줄 수 있는지 아니면 그렇지 않은지에 따라 보편성과 특수성으로 나눌 수 있다.

예) 좋은 일이 생겼을 때: 직장 상사에게 칭찬받을 때

보편성	특수성
"나는 어떤 업무를 맡든 칭찬받을 만해."	"이번 업무는 생각대로 마무리가 잘 되었으니 칭찬받는 것은 당연해."

예) 나쁜 일이 생겼을 때: 아버지가 언니와 차별할 때

보편성	특수성
"아버지는 항상 언니만 예뻐해."	"아버지는 나만 미워해."

세 번째는 어떤 일이 발생했을 때 자기에게만 일어난다고 생각되는지, 아니면 타인도 똑같이 일어난다고 생각하는지에 따라 개인성과 비개인성 요소로 나눌 수 있다.

예) 좋은 일이 생겼을 때: 친한 친구가 생일날 선물을 줬을 때

개인성	비개인성
"역시 ○○는 나의 가장 친한 친구야."	"○○는 다른 친구들 생일을 잘 챙겨줘."

예) 나쁜 일이 생겼을 때: 차량 접촉사고가 났을 때

개인성	비개인성
"왜 항상 나에게만 이런 일이 생기지?"	"역시 운전은 아무나 하는 게 아니야."

자신의 일상이 무기력한 나날의 연속일 때는 사람과 세상을 건강하게 바라보지 못하게 된다. 한 마디로 왜곡된 인지는 무기력을 더 지속하고 강화한다. 그럴수록 평소 자신이 생각하는 방식을 유심히 들여다보고, 생각하는 방식을 전환해야 무기력에서 탈출할 수 있다. 진정 자신의 고장 난 생각을 바꾸고 싶은가? 그렇다면 당장 생각을 바꾸어 따지고 덤벼들어라!

낡은 생각 떨쳐내기

문제는

어떻게 새롭고 혁신적인 생각을 떠올리느냐가 아니라

어떻게 낡은 생각을 떨쳐내느냐이다.

모든 마음은 낡은 가구들로 가득찬 방과 같다.

새로운 것이 들어올 수 있으려면

먼저 당신이 알고 생각하고 믿는 것의

낡은 가구를 치워버려야 한다.

디 호크

7.
한 사람에게
한 번의 도움을 주어라

　학창시절은 누구나 꿈도 많고 열정이 가득한 시기이다. 필자 또한 무엇이든지 할 수 있을 것만 같은 자신감으로 똘똘 뭉쳐있었고, 공부보다는 내가 하고 싶은 것을 더 열심히 했던 시기였다. 나는 고등학교 1학년 때, YMCA 내 HIGH-Y 클럽에서 활동하게 되었다. 600여 명의 신입생 중에서 전교 석차 50등 이내에만 가입할 수 있는 스터디 클럽으로 학년마다 13명씩만 선발되었다. 각 멤버가 학교의 감투란 감투는 거의 다 쓰고 있었고, 공부 또한 몇 손가락 안에 들 정도였기에 나름대로 자부심이 있었다. 해남 YMCA에서는 지역의 인재를 양성한다는 취지로 별도로 공부할 수 있는 공간을 마련해주고 담당 선생님까지 배정해서 수업과 야간 자율학습 이후 시간 또는 공휴일에도 학습실을 자유자재로 이용할 수 있게 배려해줘서 친구들과 선, 후배들의 소중한 배움의 장소이자 다양한 문화 경험을 할 수 있었던 추억의 공간이었다.

　HIGH-Y 클럽 활동 중 개인적으로 가장 소중한 자원이 되었던 것은 1년에 한 번씩 늦가을에 진행하는 문학의 밤이라는 작은 마당 행사였다. 그 행사는 각자의 꿈과 끼를 마음껏 발산할 수 있는 무대라서 선배와 친구들은 행사를 준비하는 내내 신바람 나고 즐겁게 몰입할 수 있었다. 거기서 나는 1

년 선배와 함께 통기타를 연주하면서 노래하는 듀엣을 하기로 되어 있었다. 행사가 10일도 채 남지 않는 상황이었고 게다가 통기타는 아예 연주할 수도 없었던 터라 새롭게 기타를 배워야 하는 부담까지 더해지니 포기할까 생각도 많이 했었다. 행사 시작 전 일주일을 앞두고 노래 두 곡을 선정해서 어렵게 기타를 배워 나갔다. 그 당시 철 필통의 크기와 넓이가 통기타의 넥(목) 넓이와 유사해서 철 필통에 6개의 기타 줄을 유성 싸인 펜으로 그려 넣고, 수업 시간에도 쉬는 시간에도 틈나는 대로 연습에 연습을 거듭했다. 그런 노력 끝에 행사는 성공적으로 잘 끝날 수 있었고 악기를 다루게 된 성취감을 맛보기에 충분했었다. 시간이 지나고 보니 강사라는 직업으로 밥 먹고 살 수 있게 해준 선배의 호통 어린 기타 레슨이 없었다면 오늘날의 나도 없었다. 그것은 바로 선배의 이타성(Altruistic) 이다.

그로부터 30년이 지나 필자는 강연전문가라는 직업으로 강연과 교육에 클래식기타를 사용하고 있다. 강사가 연단에 등장하고 간단히 인사한 후 기타반주에 맞춰 청중들과 함께 노래를 부르는 것으로 강연의 시작을 알린다. 특별히 강사가 불러주는 노래는 청중들의 마음속에 깊게 각인(Imprint)되는 효과가 있어 정서적으로 배고픈 마음을 채워주기에 더없이 충분하다. 특히 코로나19로 인해 일상이 급변하고, 하루하루 살아가기에 바쁜 청중들의 지친 마음을 위로하는 방법은 강연도 강연이지만 클래식기타 반주에 맞춰 함께 노래를 부르는 것이 효과가 더 크다.

학창 시절 선배로부터 혼나면서 배웠던 통기타를 통해 놀면서 돈을 벌수 있는 직업을 선택한 것에 감사하고, 사람을 살려내는 사명 있는 일을 할수 있는 것에 더더욱 감사하다. 하지만 내가 정말 감사한 것은 현재 사용하고 있는 클래식기타다. 그 기타는 강사라는 직업에 있어 더 큰 성장과 의미를 주는 특별한 것으로 사부님께서 강연과 교육에 탁월하게 사용하시고, 애지중지 아끼시던 고가의 클래식기타이다. 스페인제 코르도바라는 기타로 바디(몸통)가 메이폴(단풍나무) 원목으로 되어 있어 사용하면 사용할수록 소리가 더 깊고 좋아질 뿐 아니라 넥(목)의 그립감이 좋아 초보자들은 물론 여성들이 사용하기에도 부담이 없는 고급 기타다. 무엇보다 오랜 시간 동안 연주하면 할수록 가치를 더해가는 것이 줄이 달린 현악기의 특징인데 사부님께서 가장 아끼시던 그 클래식기타를 선물 받고 얼마나 행복하고 기뻤는지 모른다. 지금도 생각만 해도 행복하다. 굳이 더 표현하지 않아도 필자와 같은 경험을 해본 사람들은 다 알 것이다.

사부님처럼 강연에선 '알함브라 궁전의 추억'같은 명곡들은 아직 연주할 수는 없지만, 강연의 시작과 중간, 마무리에 청중들과 강연 주제에 딱 맞는 노래를 함께 부를 때면 강사로서의 매력은 말할 것도 없을 뿐 아니라 청중들에게는 행복 그 이상의 감동을 자연스럽게 느끼게 해준다. 하지만 우리는 현재를 살아가면서 긴급한 일의 횡포와 이기성에 세뇌된 나머지 타인과 주변의 소외된 이웃들에게 이타성을 실천하는 사람들은 많지 않다.

자신이 정말 아끼고 소중하게 여기던 악기를 제자에게 미련 없이 물려주고, 그 악기를 선물 받은 제자의 기뻐하고 행복해하는 모습을 보며 '주고도 오히려 당신이 더 행복해지는 역설의 삶'이 진정한 이타성이 아닐까? 나 또한 사부님의 기타를 선물 받고 난 후 얼마 지나지 않아 내 기타를 갖고 싶어 했던 후배에게 미련 없이 물려주었다. 이런 일이 많을수록 사람은 서로 윈-윈하게 되고, 베푼 만큼 돌아온다는 역설을 깨달을 수 있다.

위와는 반대로 무기력하고 우울한 사람은 이타성이 아닌 이기적인 일상의 연속이다. 그들은 혼자의 생각에 갇혀 있어서 다른 사람들이 들어갈 틈을 주지 않을 정도로 관계적인 부분 또한 미숙하기 짝이 없고, 세상에 직면(Confrontation)할 수 있는 힘이 소진(Burn-out)되어 있기에 스스로를 돌볼 수 있는 여력조차 없다. 또한, 그들은 이기성(Selfishness)에 익숙해진 나머지 타인에게 도움이 될 수 있는 일조차도 어렵게 느끼고, 다른 사람들을 배려하고 위하는 마음은 웬만해서는 찾아볼 수도 없다.

하지만 우리 주변에는 직업 때문에 친절이 몸에 밴 사람들도 있지만, 경제적으로 풍요롭지 않아도 불우한 이웃과 노약자, 노숙자, 장애인 등을 위해 평생 헌신하고 봉사하는 이타성을 실천하는 사람들이 정말로 많다. 그들은 아침에 일어나는 이유를 명확하게 알기에 매 순간순간 무기력할 틈이 없고 1분 1초 매 순간마다 최선을 다하기에 대부분 좋은 결과물들을 낸다.

그래서 우울하고 무기력한 사람일수록 자신과 주변 사회로부터의 고립(Isolation)에서 벗어나기 위해서 피나는 노력을 해야 한다. 그렇다고 너무 어려워할 필요는 없다. 이타성을 실천하는 방법은 의외로 간단하다. 아주 비싼 음식을 대접할 수는 없어도 능력껏 맛있는 음식을 해서 사랑하는 가족, 이웃들과 나누어 먹거나 각자가 지닌 능력들을 통해 비슷한 또래나 주변 사람들과 함께 육아원, 경로당, 장애인복지관, 요양병원 같은 곳을 찾아가 작은 봉사부터 실천하기를 선택하면 된다. 이렇듯 혼자가 아닌 여러 명이 함께할 수 있는 공동체가 내 주변에 있다면 이타성을 실천할 수 있는 가능성은 더 높아진다.

이렇듯 이타성을 실천하면 할수록 이기성은 줄어들게 되고, 정신적, 심리적으로 마음은 더 배불러지게 된다. 자연스럽게 '빈익빈 부익부'현상이 마음에도 적용되어 이타적인 일상이 늘어날수록 무기력은 점점 더 고개를 숙이고, 자연스럽게 일상에서도 점점 더 좋은 것들을 실천할 수 있는 연쇄반응이 일어난다. 또한, 자신의 꿈과 미래의 성취에 대해서 구체적으로 계획하고 실행하게 된다.

무엇보다 타인을 위해 이타성을 실천하는 것 또한 우리의 뇌에서 습관을 담당하는 선조체를 훈련 시키는 일인데 이타성을 최초 한 번 실천하는 일은 어렵지만 자주 반복해서 실천하게 되면 어느 시점에는 스스로 더 차원 높은 이타성을 실천하게 되어 마음은 점점 더 부자가 될 수밖에 없다.

혹 이 책을 읽고 있는 당신의 일상 또한 무기력에 찌들어 있지는 않은가? 그렇다면 지금 당장 이기성이 아닌 이타성을 선택해서 내 주변의 소외된 이웃을 살피고, 작은 봉사나 도움부터 실천하라! 평소 마음에 걸린 지인들이 있다면 안부 전화부터 해보자. 그러다 보면 분명 하루하루가 더 의미 있고, 살맛 나게 되고, 무기력한 일상에서 활력있는 일상으로 변화되는 자신을 발견하게 될 것이다.

남의 성공을 도와주면

성공은
당신의 주변 사람들을
얼마나 밟고 올라섰느냐에 좌우되는 것이 아니다.
오히려 주변 사람들을

얼마나 끌어올려 주었느냐에 달려 있는 것이다.

그렇게 하는 과정 속에서

사람들은 당신을 끌어올려 준다.

나도 그렇게 해주었다.

조지 루카스

8.
심리적 맷집을 길러라

누구나 살면서 힘든 고난과 시련이 있기 마련이다. 그 고난과 시련을 회피하지 않고 당당히 직면할 수 있는 사람이 인구의 3분의 1에 지나지 않는다는 것이 믿어지는가? 어떤 사람은 힘든 과정을 이겨내고 남들이 부러워할 결과물을 만들어내는 데 반해, 그렇지 않은 사람들도 있는데 그 차이점은 과연 무엇일까? 그 비밀은 세상에 직면할 수 있는 심리적 맷집 즉 '마음의 힘, 회복탄력성(Resilience)'에 있다. 어렵고 힘들어도 포기하지 않고, 굳건히 버텨내며 자신이 처한 시련과 역경에 맞짱 떠서 삶을 자신에게 유리한 방향으로 해석할 수 있는 내면의 유연성이다.

조금 더 쉽게 말하면 힘든 육체적 노동을 장시간 하기 위해서는 무엇보다 신체적으로 근육의 힘이 강해야 한다. 하지만 그 노동을 오래 지속시키는 것은 몸의 근육의 힘이 아니라 내면의 지구력, 즉 마음의 근육에서 나온다. 배우자 또는 사랑하는 사람들의 갑작스러운 죽음, 사업 실패 등 각자의 삶에서 크고 작은 역경을 이겨내지 못하고 무기력한 일상을 보내고 있는 사람들은 심리적인 맷집이 약하다는 것을 알 수 있다.

그래서 몸에도 근육이 필요하듯이 우리가 살아가면서 크고 작은 시련에 맞설 수 있는 마음의 근육이 더 튼튼해야 미래에 겪게 될 더 큰 시련과 고난, 역경들을 이겨낼 수 있게 된다. 그런데 무기력한 사람은 무언가 실행할 수 있는 의욕이 상실된 상태에 있기에 그 어떤 것도 실행하려고 하지 않는다. '나는 무엇을 해도 실패할 거야…'라는 예전의 기억이 고스란히 생각과 행동을 지배하고 있어서 아예 시도조차 하지 않게 된다. 이렇게 무기력한 사람들일수록 무엇이 부족하고 무엇을 더 노력해야 하는지 즉, 자신의 심리적인 수준을 명확하게 알아야 비로소 삶의 목표를 성취하기 위해 실행할 수 있는 자원을 갖게 된다.

『회복탄력성』의 저자 연세대학교 김주환 교수는 회복탄력성을 강화하기 위해서는 '뇌를 긍정적인 뇌로 바꿀 수 있게 긍정성을 습관화하라.'라고 강조한다. 이 말은 회복탄력성에 필요한 자기조절능력과 대인관계능력을 강화해서 행복과 직결될 수 있게 하는 것인데 현대 뇌과학에서도 긍정적인 사람은 부정적인 사람에 비해 전두-변연계에서 어떠한 상황과 사건을 긍정적으로 해석하기에 느끼는 방식도 긍정적이고 세레토닌이나 옥시토신, 도파민 같은 몸에 유익한 호르몬들이 다량 분비된다는 것을 확인했다. 반대로 무기력하고 우울한 일상이 반복되는 사람일수록 무력감을 동반한 수치심이나 죄책감 등 스스로를 무가치한 대상이라고 자책하게 된다.

또한 『번 아웃』의 저자 크리스티나 베른트는 회복탄력성이 형성되는 데는 타고난 유전자가 상당한 역할을 한다고 했다. 하지만 정신적 저항력을 높이거나 취약하게 만드는 것이 비단 유전자뿐만이 아니라 부모의 양육 방식 등 환경적 영향도 인체의 생물학적 구조에 반영되고, 또한 유년기 시절의 부정적인 경험들은 사라지지 않고 지속적으로 뇌 속에 저장된다고 했다. 최근 과학 기술의 발달로 뇌 촬영술을 통해 살펴본 결과 부모로부터 충분한 관심과 사랑을 받지 못하고 성장한 아이들의 경우에 뇌에서 스트레스 처리가 충분하게 이루어지지 않고 있는 것으로 밝혀졌다. 더불어 후성유전학 연구에 따르면 한 사람의 일생에 있어 다양한 경험들이 타고난 유전적 소질을 변화시키고 기록되며 동시에 다음 세대에 전수된다는 것을 밝혀냈다.

그럼 회복탄력성을 높이는 방법은 어떤 것들이 있을까? 과연 회복탄력성을 높이려면 어떻게 해야 할까? 김주환 교수는 하버드대학교 길버트 교수의 사례를 예로 들어 설명하며 첫 번째, 회복탄력성을 높이고 싶은 사람은 '행복의 기본 수준을 높여야 한다'고 강조한다. 이 말을 조금 더 쉽게 풀어보면 행복은 자동온도조절장치와 같아서 각자의 인생에서 불행한 일이나 행복하게 느꼈던 일들은 일시적인 것이어서 신체가 우리 몸의 균형을 유지하려는 항상성(Homeostasis)처럼 조금 시간이 지나면 원래 자신이 느끼고 있던 행복 수준으로 되돌아오게 된다고 했다.

회복탄력성을 높이는 두 번째 방법은 회복탄력성은 뇌의 신경가소성(Neuroplasticity)과 같아서 스스로의 노력 여하에 따라 얼마든지 뇌를 자신이 원하는 새로운 방식으로 재설정해서 부정적인 삶의 태도를 긍정적인 삶의 태도로 전환하면 각자의 행복의 수준도 높아지고 회복탄력성 또한 높이는 지름길이라고 했다. 세 번째는 사람은 각자가 지니고 있는 대표 강점 중에 최소 몇 가지 이상의 대표 강점을 찾아 일상에서 일과 관계, 자녀 양육 등 자신의 대표 강점을 발휘하고 꾸준하게 대표 강점을 발전시켜 나가면 회복탄력성 또한 높아진다고 했다. 자신의 대표 강점을 찾고 싶은 독자는 마틴 셀리그만의 저서 『긍정심리학』, 『낙관성학습』과 김주환 교수의 『회복탄력성』을 참고하기 바란다.

회복탄력성을 높이는 네 번째 방법은 '감사하기'이다. 우리의 뇌와 심장은 계속해서 정보를 주고받으며 소통한다는 것을 신경심장학에서 밝혀냈다. 힘든 일이나 분노가 폭발할 정도의 감정 상태에서는 심장박동수 또한 불규칙해져서 우리를 더 불안하게 한다. 이때 명상이나 요가와 같은 이완요법을 활용하거나 즐거운 일을 상상하고 행복했던 경험을 떠올리면 심장은 정상적인 심장박동수를 회복한다. 무엇보다 감사하기를 했을 때 명상보다 몸과 마음이 빠르게 균형 상태를 유지하고 긍정적 정서 향상에도 가장 효과적인 것으로 나타났다.

그럼 감사하기 훈련은 어떻게 하면 좋을까? 김주환 교수의 『회복탄력성』에서 소냐류보미르스키 연구팀은 6주 동안 매주 5가지 이상의 선행 베풀기 실험을 했는데 한 집단은 5가지의 선행을 1주일 동안 기회가 있을 때마다 하도록 했고, 한 집단에서는 하루에 5가지의 선행을 모두 하도록 했다. 결과는 하루에 5가지의 선행을 모두 실천한 그룹이 그렇지 않은 그룹보다 6주 뒤에 행복감이 더 증가했다. 또한, 6주 동안 한 그룹에서는 1주일에 한 번씩 감사일기를 쓰게 했고, 대조 그룹에서는 3주에 한 번씩 작성하게 했다. 결과는 1주일에 한 번씩 감사일기를 쓴 그룹이 대조 그룹보다 긍정적인 효과가 발견되었다.

그렇다면 이 글을 읽고 있는 당신도 일과를 마치고 잠자리에 들기 전에 하루에 일어났던 일 중에서 기분 좋은 일이나 아니면 남들에게 도움을 받았던 일 또는 행복한 일을 경험했다면 그중 3가지를 감사일기에 적어 보라. 처음에는 익숙하지 않기에 단순히 감사한 일만 작성하게 되는데 시간이 갈수록 감사한 일에 감사하게 된 이유까지 더 해서 작성하게 되면 무심코 지나쳐 온 작은 일들까지도 감사함을 느끼게 된다. 나아가 감사함을 전하고 싶은 당사자에게 전화를 해서 직접 감사함을 표현하거나, 감사편지를 작성해서 약속을 정한 후 직접 만나서 감사편지를 낭독해 준다면 감사함을 표현하는 사람이나 감사함을 받는 사람과의 관계의 깊이는 더 깊어지고 더 좋은 쪽으로 오랫동안 유지된다.

이런 경험을 꾸준히 하다 보면 긍정적 정서가 강화되고 이를 통해 어느새 내 몸은 더 감사할 수 있는 일을 찾게 되며, 나아가 내 가족을 포함하여 소중한 사람들의 행복에 기여하고 관여할 수 있는 긍정적 정서의 확장을 경험하게 된다. 결국은 더 행복하고 행복이 만개(Flourish)한 일상이 계속된다.

감사하기

- 하루에 3가지 감사한 일 적어 보기
- 감사한 일이 왜 감사한지 그 이유 적어 보기
- 감사함을 전하고 싶은 대상에게 감사 표현하기
- 감사함을 전하고 싶은 대상에게 감사편지 낭독하기

『긍정심리학』의 저자 마틴 셀리그만 박사 또한 인생에서 온갖 시련과 역경을 극복한 사람들은 어려운 환경에서도 자신의 장점에 집중하면서 그것을 강점으로 키워나간 사람들이고, 일상에서 대표 강점을 꾸준하게 실천하는 것만이 진정한 행복으로 가는 지름길임을 강조한다. 이 말을 조금 더 쉽게 풀어보면 자신의 대표 강점을 발휘하는 것은 사회에서는 성인이 된 어른이 아이들에게 해줘야 할 일이고 가정에서는 부모가 자녀에게, 직장에서는 상사가 부하에게, 삶에서는 멘토가 멘티에게 해줘야 할 안정된 환경에 가까운 것이다. 이렇듯 각자의 삶의 영역에서 역할과 상황에 맞게 강점을 발휘하게 한다면 사회든 가족이든 직장이든 삶이든 행복이 만개한 삶으로 한 발짝 다가설 수 있음을 의미한다.

필자는 강연과 교육을 통해 무기력하고 우울한 사람들은 회복탄력성뿐 아니라 전반적인 삶의 문제들을 해결할 수 있는 문제해결능력이 턱없이 부족하다는 것을 알게 되었다. 그 힘은 앞서 말한 부정을 긍정으로, 실패를 성공으로, 회피를 직면으로, 위기를 기회로 바꿀 수 있는 내면의 지구력 즉 '극복의 힘'을 말한다. 안타깝게도 무기력과 우울에 찌들어 있는 사람들은 스스로 '고립(Isolation)'이라는 방어기제를 선택하고, 어렵게 느껴지는 사건이나 상황들은 결과가 어떻게 되었든 일단 회피할 가능성이 커, 그와 유사한 상황이나 사건이 일어나게 되면 또다시 회피하는 악순환이 반복되는 것을 깨닫지 못한다. 또한, 다른 사람들과 관계하고 소통하는 것 또한 피상적이고 지속적이지 못하기에 사람을 좋아하지 못하고 끝까지 신뢰하지 못한다.

에미 워너의 카우아이섬 연구의 결론 역시 회복탄력성을 지닌 아이들의 가장 큰 공통점은 '그 아이의 인생에 있어 무슨 일이 있어도 자신의 편이 되어주는 어른이 적어도 한 명 이상 있었다는 점'을 우리는 특히 주목해야 한다. 말 그대로 자신을 사랑하는 것도 타인으로부터 사랑받는 것도 각자의 능력임을 깨달아야 한다. 무엇보다 필자는 자신의 인생은 스스로 책임져야 하기에 무기력을 무기력하게 만들기 위한 기술 중 하나인 '회복탄력성'은 치열한 생존을 위해 하루하루 살아가는 바쁜 현대인 중에서 무의미하게 세월을 낭비하고 있는 무기력에 찌들어 있는 사람들이 반드시 갖추어야 할 자원임을 강조한다.

나의 회복탄력성 지수는?

〈KRQ-53테스트〉

응답방법: 각 문항을 읽은 후 다음과 같이 점수를 기록한다.

전혀 그렇지 않다 1 / 그렇지 않다 2 / 보통이다 3

어느 정도 그렇다 4 / 매우 그렇다 5

1. 나는 어려운 일이 닥쳤을 때 감정을 통제할 수 있다. ( )

2. 내가 무슨 생각을 하면, 그 생각이 내 기분에 미치는 영향을 미칠지 잘 알아챈다. ( )

3. 논쟁거리가 되는 문제를 가족이나 친구들과 토론할 때 내 감정을 잘 통제할 수 있다. ( )

4. 집중해야 할 중요한 일이 생기면 신바람이 나기보다는 더 스트레스를 받는 편이다. ( )

5. 나는 내 감정에 잘 휘말린다. ( )

6. 때때로 내 감정적인 문제 때문에 학교나 직장에서 공부하거나 일할 때 집중하기 힘들다. ( )

7. 당장 해야 할 일이 있으면 나는 어떠한 유혹이나 방해도 잘 이겨내고 할 일을 한다. ( )

8. 아무리 당황스럽고 어려운 상황이 닥쳐도, 나는 내가 어떤 생각을 하고 있는지 스스로 잘 안다. ( )

9. 누군가가 나에게 화를 낼 경우 나는 우선 그 사람의 의견을 잘 듣는다. ( )

10. 일이 생각대로 잘 안 풀리면 쉽게 포기하는 편이다. ( )

11. 평소 경제적인 소비나 지출 규모에 대해 별다른 계획 없이 지낸다. ( )

12. 미리 계획을 세우기보다는 즉흥적으로 일을 처리하는 편이다. ( )

13. 문제가 생기면 여러 가지 가능한 해결 방안에 대해 먼저 생각한 후에 해결하려고 노력한다. ( )

14. 어려운 일이 생기면 그 원인이 무엇인지 신중하게 생각한 후에 그 문제를 해결하려고 노력한다. ( )

15. 나는 대부분의 상황에서 문제의 원인을 잘 알고 있다고 믿는다. ( )

16. 나는 사건이나 상황을 잘 파악하지 못한다는 이야기를 종종 듣는다. ( )

17. 문제가 생기면 나는 성급하게 결론을 내린다는 이야기를 종종 듣는다. ( )

18. 어려운 일이 생기면, 그 원인을 완전히 이해하지 못했다 하더라도 일단 빨리 해결하는 것이 좋다고 생각한다. ( )

19. 나는 분위기나 대화 상대에 따라 대화를 잘 이끌어 갈 수 있다. ( )

20. 나는 재치 있는 농담을 잘한다. ( )

21. 나는 내가 표현하고자 하는 바에 대한 적직한 문구나 단어를 잘 찾아낸다. ( )

22. 나는 윗사람과 대화하는 것이 부담스럽다. ( )

23. 나는 대화 중에 다른 생각을 하느라 대화 내용을 놓칠 때가 종종 있다. ( )

24. 대화를 할 때 하고 싶은 말을 다 하지 못 하고 주저할 때가 종종 있다. ( )

25. 사람들의 얼굴 표정을 보면 어떤 감정인지 알 수 있다. ( )

26. 슬퍼하거나 화를 내거나 당황하는 사람을 보면 그들이 어떤 생각을 하는지 알 수 있다. ( )

27. 동료가 화를 낼 경우 나는 그 이유를 꽤 잘 아는 편이다. ( )

28. 나는 사람들의 행동 방식을 때로 이해하기 힘들다. ( )

29. 친한 친구나 애인 혹은 배우자로부터 "당신은 나를 이해 못해"라는 말을 종종 듣는다. ( )

30. 동료와 친구들은 내가 자기 말을 잘 듣지 않는다고 한다. ( )

31. 나는 내 주변 사람들로부터 사랑과 관심을 받고 있다. ( )

32. 나는 내 친구들을 정말로 좋아한다. ( )

33. 내 주변 사람들은 내 기분을 잘 이해한다. ( )

34. 서로 도움을 주고받는 친구가 별로 없는 편이다. ( )

35. 나와 정기적으로 만나는 사람들은 대부분 나를 싫어하게 된다. ( )

36. 서로 마음을 터놓고 얘기할 수 있는 친구가 거의 없다. ( )

37. 열심히 일하면 언제나 보답이 있으리라고 생각한다. ( )

38. 맞든 아니든, "아무리 어려운 문제라도 나는 해결할 수 있다"고 일단 믿는 것이 좋다고 생각한다. ( )

39. 어려운 상황이 닥쳐도 나는 모든 일이 다 잘 해결될 거라고 확신한다. ( )

40. 내가 어떤 일을 마치고 나면, 주변 사람들이 부정적인 평가를 할까봐 걱정한다. ( )

41. 나에게 일어나는 대부분의 문제는 나로서는 어쩔 수 없는 상황에 의해 발생한다고 믿는다. ( )

42. 누가 나의 미래에 대해 물어보면, 성공한 나의 모습을 상상하기 힘들다. ( )

43. 내 삶은 내가 생각하는 이상적인 삶에 가깝다. ( )

44. 내 인생의 여러 가지 조건들은 만족스럽다. ( )

45. 나는 내 삶에 만족한다. ( )

46. 나는 내 삶에서 중요하다고 생각한 것들은 다 갖고 있다. ( )

47. 나는 다시 태어나도 나의 현재 삶을 다시 살고 싶다. ( )

48. 나는 다양한 종류의 많은 사람들에게 고마움을 느낀다. ( )

49. 내가 고맙게 여기는 것들을 모두 적는다면, 아주 긴 목록이 될 것이다. ( )

50. 나이가 들어갈수록 내 삶의 일부가 된 사람, 사건, 생활에 대해 감사하는 마음이
더 커져간다. ( )

51. 나는 감사해야 할 것이 별로 없다. ( )

52. 세상을 둘러볼 때, 내가 고마워할 것은 별로 없다. ( )

53. 사람이나 일에 대한 고마움을 한참 시간이 지난 후에야 겨우 느낀다. ( )

채점 및 점수 해석 방법

4, 5, 6, 10, 11, 12, 16, 17, 18, 22, 23, 24, 28, 29, 30, 34, 35, 36, 40, 41, 42, 51, 52, 53번 문항에 대해서는 6에서 자신의 점수를 빼고 계산한다.

예컨대 1이라고 적었으면 5점, 3은 3점, 5는 1점

1. 자기조절능력 = 감정조절력 + 충동통제력 + 원인분석력

1번부터 6번 문항까지의 점수의 합은 당신의 감정조절력을, 7번부터 12번 문항은 충동통제력을, 그리고 13번부터 18번까지의 문항은 원인분석력을 나타낸다. 그리고 이 셋을 합한 점수가 당신의 자기조절능력 점수다. 각 하위 요소에 대한 자세한 설명은 다음 장에서 다룬다. 우리나라 성인들의 자기조절능력 평균 점수는 63.5점이다. 만약 당신의 점수가 63점 이하라면 자기조

절능력을 높이기 위해 노력하는 것이 좋다. 만약 55점 이하라면 자기조절능력을 향상시키기 위해 반드시 노력해야 한다. 하위 20%에 해당하기 때문이다. 70점 이상이 나왔다면 당신의 자기조절능력에는 별 문제가 없다고 봐도 좋으며, 75점 이상이라면 아주 높은 편 (상위 7% 이내) 이니 자부심을 가져도 좋다.

2. 대인관계능력 = 소통능력 + 공감능력 + 자아확장력

19번부터 24번까지는 소통능력, 25번부터 30번까지는 공감능력, 31번부터 36번까지는 자아확장력의 점수를 각각 나타낸다. 그리고 이 셋의 점수를 합친 것이 당신의 대인관계능력 점수다. 우리나라 사람들의 대인관계능력 평균 점수는 67.8점이다. 만약 당신의 점수가 67점 이하라면 대인관계능력을 높이기 위해 노력하는 것이 좋다. 62점 이하라면 대인관계능력을 높이기 위해 반드시 노력해야 한다. 하위 20%에 해당하기 때문이다. 이렇게 점수가 낮은 사람들은 조금만 노력해도 스스로 그 효과를 금방 느낄 수 있다. 만약 대인관계능력의 점수가 74점 이상이 나왔다면 당신의 대인관계능력에는 별 문제가 없다고 봐도 좋으며, 80점 이상이라면 당신은 대인관계와 사회성이 아주 뛰어난 편 (상위 6%이내) 이라 할 수 있다.

3. 긍정성 = 자아낙관성 + 생활만족도 + 감사하기

긍정성은 자기 스스로의 장점과 강점을 낙관적으로 바라보는 태도(37번~42번 문항), 행복의 기본 수준이라 할 수 있는 삶에 대한 만족도(43번~47번 문항), 그리고 삶과 주변 사람에 대해 감사하는 태도(48~53번 문항)로 측정된다. 우리나라 사람들의 긍정성의 평균점수는 63.4점이다. 만약 당신의 점수가 63점 이하라면 긍정성을 높이기 위해 노력하는 것이 좋다. 56점 이하라면 긍정성을 높이기 위해 반드시 노력해야 한다. 하위 20%에 해당하기 때문이다. 만약 긍정성의 점수가 70점 이상이 나왔다면 당신의 긍정성에는 별 문제가 없다고 봐도 좋으며, 75점 이상이라면 당신을 대단히 긍정성이 높은 사람 (상위 6% 이내) 이니 자부심을 가져도 좋다.

자기조절능력, 대인관계능력, 긍정성 세 가지 점수의 총합이 당신의 회복탄력성 지수다. 우리나라 사람들의 평균 점수는 195점이다. 만약 당신의 점수가 190 이하라면 회복탄력성을 높이기 위해 노력하는 것이 좋다. 180점 이하라면 당신은 사소한 부정적인 사건에도 쉽게 영향받는 나약한 존재이다. 당신은 되튀어 오를 힘을 빨리 길러야 한다. 170점 이하라면 당신은 깨지기 쉬운 유리 같은 존재라 할 수 있다. 작은 불행에도 쉽게 상처를 입게 되면 그 상처는 치유되기 어려울 것이다. 하루하루 살얼음 위를 걷는 기분으로 살아온 당신은 지금 당장 회복탄력성을 높이기 위해 온 힘을 기울여야 한다.

만약 당신의 점수가 200점을 넘는다면 일단 안심이다. 그러나 212점 정도는 돼야 상위 20%에 들 수 있다. 220점을 넘는다면 당신은 회복탄력성이 대단히 높은 사람이다. 웬만한 불행한 사건은 당신을 흔들어 놓지 못한다. 오히려 역경은 더 높은 곳으로 올려놓기 위한 스프링보드이니 즐겁게 받아들일 일이다.

살아가기

인생을 살아가면서

남의 눈 찡그릴 만한 일을

하지 말고 살아가십시오.

그러면 나를 향해

눈을 찌푸리고 바라보는 사람이 없을 것입니다.

당신의 이름을

큰 돌에 새기려고 애쓰지 마십시오

당신의 이름을

길가는 행인의 입에 새기는 것이

더 길이 오래갈 것입니다.

명심보감 중에서

9.
비범한 스승을 만나라

2003년 어느 더운 여름날이었다. 오늘도 엘리베이터가 없는 5층에서 레크리에이션 행사를 진행하는데 성인 몸무게에 육박하는 음향 장비들을 계단으로 옮겨야 하는 어려움을 감내해야만 했다. 행사를 마치고 이동하면서 문득 40대 중반을 넘어 50대 이후에도 이처럼 힘들게 음향 장비들을 운반하고 있을 나를 상상하게 되었다. 나이 든 것도 서러운데 몸무게에 가까운 무거운 음향 장비들을 옮기고 있는 것을 상상하는 것만으로도 끔찍했다. 그래서 대중 강의를 하려고 결단했던 것이 2004년이다. 예전 직업군인일 때 교육과 강의 경력을 포함하면 현재까지 27년째 강의하고 있다. 하지만 대중 강의라는 현실의 벽은 정말 높았다. 내 머릿속에 저장된 지식도 거의 없었고 실력도 실력이지만 무엇보다 스펙이 우선시 되는 대한민국에서 대중 강사로 경쟁력을 쌓기란 정말로 넘기 힘든 벽이었다.

"탁월한 스승을 만나다."

2008년도 가을 한국웃음임상치료센터(대표 정해성)에서 주관하는 "눈물 치료 보수교육"에 참석했었다. 그 당시 웃음이라는 도구를 통해 사람의 억압된 마음을 표현하는데 한계를 느끼고 있던 나는 웃음치료에 분노치료, 눈물 치료를 접목하기 위해 준비하고 있던 시기였다. 마침 교육에 초빙된 강사님은 그 분야에서 사람의 마음을 움직이는 강의로 명성을 떨치고 있던 이병준 강사님이었다. 그 당시 보수교육 참석 인원이 60여 명 정도 되었는데 나 빼고 전부 간호사들이었다. 여성들이 모인 자리에 남자인 내가 혼자 적응하기에는 조금 불편하고 어색했지만, 최선을 다해서 교육에 참여했었다.

총 4시간 동안의 교육에서 2시간이 지나고 3시간째 강의가 진행되자마자 나는 온몸에 전율을 느끼고 말았다. 2시간 강의만으로도 사람의 마음을 들었다 놨다 하는 기술에 깊은 인상을 받았는데 강사님이 모든 교육생을 둥근 대형을 만들어 바닥에 앉게 하고 '사랑의 로망스'라는 클래식기타 연주를 시작하는 게 아닌가! 연주가 3분의 1도 채 지나지 않았는데 강사님 바로 옆에 앉아 있던 교육생의 마음이 무엇인가와 접촉되었는지 갑자기 서러움에 목 놓아 울기 시작했다. 그 모습을 옆에서 본 내 마음도 서서히 요동치기 시작했다. 그 옆에 앉아 있던, 또 그 옆에 앉아 있던 교육생들이 무언가 전염된 듯이 하나, 둘 눈물을 터트리기 시작해 교육장은 어느새 장례식장에 버금가는 눈물바다가 되어 있었다. 한 마디로 충격 그 자체였다. 순간 '내가 하고 싶은 강의가 바로 저런 강의야! 도대체 어떻게 하면 저렇게 강의할 수 있을까?'하고 나의 내면은 소리치고 있었다. 교육이 종료된 후 나는 강사님의 명함을 받고 그날 저녁 바로 강사님께 메일을 보냈다.

"이병준 강사님, 오늘 서울역 대회의실에서 교육받은 나명진입니다. 최근 들어 오늘처럼 제 마음이 행복했던 적이 없었습니다. 사람은 누구나 아픈 상처를 안고 살아가지만, 그 상처를 치료하고 싶어도 방법을 몰라 불행하게 살아가는 사람들이 정말 많습니다. 박사님의 훌륭한 가르침을 받고 싶습니다. 배우고 싶습니다. 저에게 배울 수 있는 기회를 주실 수 있겠습니까?"

메일을 보낸 지 며칠 후 강사님으로부터 답변 메일이 왔다.

"반갑습니다. 이병준입니다. 나명진님께서 원하시면 만나도록 합시다. 11월 2일 아침 10시 교대역 10번 출구 쪽에 있는 **리너스 커피전문점에서 보도록 합시다."

11월 2일 가을비가 내리는 아침에 나는 기쁜 마음을 안고 약속된 장소로 이동해서 드디어 이병준 강사님을 만날 수 있었다. 강사님은 나를 보자마자 최근에 출간한 그의 저서 '남편사용설명서'를 자필 서명과 함께 선뜻 선물로 내주셨다. 감동이었다. 많은 이야기가 오가고 강사님은 翟월 초 강남역 8번 출구 쪽에 사무실을 오픈하게 되었습니다. 나명진님께서 원하시면 그쪽으로 출근하셔도 됩니다.'라고 말씀하셨다. 강사님과의 미팅이 끝나고 몇 번의 메일을 더 주고받은 후에 사무실 오픈 시기에 맞춰 강남역 사무실로 출근하게 되었다. 출근 첫날, 강사님은 나를 조용히 앉히고 이렇게 말씀하셨다 "그동안 살아온 과정을 편안하게 얘기해 보세요. 어떤 얘기라도 좋습니다."여태껏 살아오면서 다른 사람의 말이 그렇게 따뜻하게 들렸던 적이 없어 자연스럽게 내 마음의 문이 열렸다.

한참 동안의 얘기가 끝나고 박사님은 "만만치 않은 인생이었네요. 차분히 하나씩 하나씩 알아 갑시다."라고 말하면서 팀 슬레지의 '가족치유 마음치유'라는 책을 읽어보라고 했다. 그때부터 나는 강사님을 사부님으로 모시고 본격적인 코칭을 받기 시작했다. '내 옆에 있으려면 무조건 책을 봐야 합니다. 책을 보지 않으려면 옆에 있을 필요 없습니다. 저기 보이는 책 들 중에서 아무 책이나 읽어도 상관없습니다. 대신 책을 보면 반드시 리포트를 써서 프레젠테이션이든, 브리핑이든 둘 중 하나는 하셔야 합니다.'라는 엄중한 요구를 하셨다. 여태까지 책을 읽고 누군가에게 브리핑이나 프레젠테이션을 해본 적이 없어서 내심 걱정이 앞서기도 했지만 나는 사부님의 진정성 있는 말이 마음에 와닿았고, 무슨 일이 있어도 사부님이 제시하는 방향대로 해야겠다고 마음속으로 굳게 다짐했었다. 아니 스스로 진정 사부님처럼 되고 싶었다.

그나마 학창 시절 전교에서 몇 손가락 안에 들 정도로 공부하는 데는 자신이 있던 터라 시간 나는 데로 열심히 책을 읽고 또 읽었다. 심지어 출퇴근하는 전철 안에서는 말할 것도 없고 전철에서 내려 사무실에 출근하는 동안에도, 화장실 안에서도, 밥을 먹으면서도 집 앞 마트를 갈 때도 책을 손에서 내려놓지 않았다. 한 마디로 책벌레가 되고 있었다. 사부님의 요구대로 닥치는 대로 책을 읽은 후에 레포트를 작성해서 사부님께 직접 프리젠테이션을 한 후 피드백을 받는 작업과 책에 있는 내용의 핵심을 찾아내는 작업, 강의에 연결하는 작업 등을 지속적으로 2년 가까이 했다. 사부님을 만나기 전에는 독서량이 턱없이 부족했던 나에게는 정말 힘든 과정의 연속이었다. 처음에는 책 한 권을 읽는데 일주일 정도가 걸렸다. 그다음 책은 약 4일 정도, 그다음 책은 3일, 다음 책은 2일, 다음 책은 1일에서 대여섯 시간이면 한 권을 읽는데 걸리는 시간으로 충분했다. 심지어 강의에 직접적인 도움이 될 수 있는 책들은 15번~20번 정도 깊게 읽은 책들도 많았다. 따지고 보니 2008년 12월부터 2010년까지 사부님의 코칭을 통해 읽었던 책만 해도 300여 권 정도 되었다. 그것도 사부님께서 직접 히트 치는 강의를 하기 위해 공부했던 심리학과 철학, 인문학, 고전, 신화 등 사람이 중심이 되는 수준 높은 서적들이었다.

책 읽는 작업을 더 해 2010년부터 2012년까지 대학원 수준의 심리학 코칭도 병행했다. 사부님의 상담하는 모습들을 직접 현장에서 눈으로 보고 귀로 들을 수 있는 행운까지 더해져 웬만한 사람의 문제에 대한 해결책은 어느 정도 제시할 수 있게 되었다. 사부님의 코칭과 약 300여 권의 책 읽는 작업을 통해 사람에 대한 중심을 알고 나니 나 스스로 사람이 변화하고 성장하는 데는 어떤 책이 필요하고 어떤 원리가 적용되어야 하는지, 급변하는 미래 사회에서 강사로서 우위를 점하기 위해서는 어떤 책을 읽어야 하는지를 터득할 수 있게 된 것이 무엇보다 가장 큰 자산이 되었다. 사부님을 만나고 책 읽는 습관이 자연스럽게 몸에 배어 현재까지도 일주일에 한 권에서 두 권 정도의 책을 꾸준하게 읽고 있다.

책을 읽는 작업을 하던 중에 어느 날 사부님은 또 한 번 나에게 이렇게 말씀하셨다 '네가 강의하는 내용을 처음 인사부터 마무리 멘트까지 하나도 빠뜨리지 말고 그대로 A4용지에 한글 파일로 작성해서 나에게 보여줘 봐라' 그 소리를 듣고 나는 머릿속이 하얗게 텅 비어 오는 것을 느낄 수 있었다. 여태껏 강의는 할 수 있었지만 멘트 하나하나까지 더한 강의안은 직접 작성해 본 경험이 거의 없었기에 어떤 내용부터 작성해야 할지를 몰랐다.

며칠 동안 고민해서 강의안을 작성했다. 2시간 강의안인데 무려 A4용지 20장 분량이 나왔다. 출력해서 사부님께 보여드리자 '지금부터 필요한 것은 더하고 필요 없는 것은 빼는 작업을 할 것이다.' 일명 첨삭지도를 받은 것이다. 약 30분 정도의 첨삭지도를 받고 나니 처음 20장 분량의 강의안이 10장으로 줄었다. 정말로 황당한 일이었다. 어떻게 20장짜리 강의안이 10장으로 줄었는지 도무지 알다가도 모를 일이었다. 내가 강의한 내용들이 그것도 다른 사람들에게 전했던 말들에 이처럼 불필요한 단어와 문장들을 많이 사용했다는 것을 한눈에 알 수 있었다. 정말로 손과 발이 오그라들 정도로 부끄럽고 내세우기 힘든 일이었다.

내 수준을 알고 나니 모르는 청중 앞에서 강의하는 것이 점점 더 두렵기도 했다. 약 일주일 후에 사부님은 10장으로 정리한 강의안을 다시 첨삭지도를 해주셨다. A4용지 20장짜리 강의안이 6장으로 줄어드는 순간이었다. '오늘 첨삭해준 내용을 잘 정리하면 앞으로 어떤 강의든 히트 치는 강의를 할 수 있을 것이다.' 강사라는 직업을 선택한 이후에 제대로 된 문장의 강의안이 탄생하는 순간이었다. 정말로 그때의 감동은 말로 표현할 수 없었다.

2007년 처음 사부님을 만나 지금까지도 계속해서 학습을 이어가고 있다. 사부님을 만난 이후 내 삶은 거친 비바람과 폭풍이 몰아쳐도 굳건히 버텨낼 수 있는 작업의 연속이었다. 나무에 비유하면 뿌리가 토양에 자리를 잘 잡아 견고함을 더 하는 작업이다. 나무의 뿌리가 토양에 자리를 잘 잡아야 계절이 바뀌어도 제때 잎을 무성하게 내고, 맛은 기본이고 영양가 높은 과일들을 많이 생산할 수 있게 된다. 그 잎과 과일들의 원천은 바로 끊임없이 공부하는 것에 있었다. 그 뿌리를 사람에 비유했을 때 바로 '힘(Power)'이라고 할 수 있다.

그런데 사람이 힘이 없으면 다른 사람들의 말과 꾀에 쉽게 속아 넘어가게 되고 스스로 원하는 자기(Self)의 삶을 살지 못하면서 나도 모르게 힘이 있는 대상에게 항상 끌려다니게 되는 것을 알 수 있었다. 전 세계에서 노벨상을 가장 많이 수상한 유대인 부모들이 자녀들에게 어릴 때부터 험난한 세상을 살면서 남의 꾀에 넘어가지 않는 지혜를 주기 위한 '슈르드 교육' 즉, '지혜교육'을 하는 이유도 이와 같은 맥락에서다.

무엇보다 스스로 원하는 목표와 꿈을 성취하고 싶은 사람이나 특히 사람을 다루는 직업을 가진 사람들일수록 나보다 더 힘이 있는 탁월한 스승을 만나 스스로를 깨닫는 작업(Self awareness)과 내면을 탐사하는 학습분석이 가장 우선 되어야 한다. 조금 더 직설적으로 말하면 자신의 현재의 수준, 즉 꼬라지를 알아야 한다. 그 깨달음의 작업은 반드시 외롭고, 피눈물 나는 대가를 지불해야 한다.

특히 강의를 직업으로 하는 강사들은 생계를 위해 강의를 많이 하는 것도 중요하지만 강의를 더 잘하기 위해서 무엇보다 잘 아는 작업에 모든 역량을 집중해야 한다. 그래서 끊임없이 새로운 것을 배우기를 게을리해서는 안 되고 남들보다 더 어려운 책을 보고 쉽게 전달할 수 있는 스펙과 능력은 기본이다. 여기에 사람의 몸과 마음을 건강하게 하고 사람이 중심이 되는 기초의학과 심리학, 철학, 신화, 종교, 인문학적 소양을 갖추고 정전이나 식곤증 등 업무와 연계한 교육의 피로도를 고려해서 다양한 강의 상황에 유연하게 대처하기 위한 레크리에이션과 웃음치료 같은 역동적인 강의 스킬을 보유하는 것도 강사로서 큰 차별화가 된다. 필자처럼 기타와 같은 악기를 다룰 수 있는 엔터테인먼트적인 역량까지 갖춘다면 매번 히트 칠 수 있는 강의를 할 가능성 또한 매우 높다.

그래서 자신의 문제들을 해결하기를 원하고, 스스로 무기력하고 우울한 나날을 보내며 소중한 인생을 낭비하기 싫다면, 나보다 나이가 많든 적든 간에 어떠한 면에서든 자신보다 더 탁월한 대상을 만나 어느 시점까지는 절대 의존(Dependence)해야 한다. 그 후 항상 새로운 것을 배우기를 선택해서 임계질량이 채워지고 나면 반드시 현재보다 더 나은 삶을 살 수 있는 것은 물론, 스승으로부터 받았던 그대로 다른 사람들에게도 선한 영향력을 행사하면, 진정 자기(Self)의 삶을 살고 싶은 또 다른 누군가에게 인생의 전환점(Turning point)을 제공하는 삶의 조력자가 될 것이다.

지금의 필자는 누구를 만나든지 항상 자신 있게 얘기한다. 지금 당장 스스로 원하는 삶을 살고 싶다면 자신보다 더 탁월한 스승을 만나라고! 스승을 만나면 오래가야 할 길도 조금 더 빠르고 정확하게 갈 수 있는 지름길을 만나게 되고 목표를 이루는 과정에서 지불하는 비용도 절약할 수 있어 더욱더 현재에 최선을 다할 수 있다. 또한, 한 단계 도약할 수 있는 성장의 문턱에서 허우적대고 있을 때 그 태도를 지켜보고 있던 스승에게서 최적의 답을 찾을 수 있을 뿐 아니라 자신의 주변에서 도움이 필요한 사람들에게도 도움을 줄 수 있어 서로 윈-윈 하는 삶을 살 수 있다. 결국, 가까운 미래에 동종 업계에서 경쟁력을 확보하여 우위를 점하게 되고, 이는 자연스럽게 행복과 성공이라는 두 마리 토끼를 잡아 남들이 부러워할 만한 삶을 살 수 있게 될 것이다.

명성에 붙들리는 사람이 되라

명성은 자기 스스로 구해서 얻는 것이 아니라
남이 자연적으로 주는 것이어야 한다.
명성을 찾아서 뛰는 자는
명성을 따라잡지 못한다.
그러나 명성으로부터 도망치는 자는
명성에게 붙들리고 만다.

탈무드

10.
반복하고 또 반복하라

9장에서 소개했듯이 필자처럼 좋은 스승을 만나고 스스로 피눈물 나는 노력을 해도 자신의 목표를 성취하지 못하는 사람들은 어떤 이유에서 그렇게 하지 못할까? 왜 노력을 하다가도 중간에서 포기하는 일들이 반복될까? 또한 무기력과 우울에 빠져 하루하루 영혼의 닻이 없이 살아가는 사람들은 왜 그 악순환의 고리에서 빠져나올 수 없을까? 왜 그런 병리적인 습관 들은 노력을 해도 바꿀 수 없을까? 무기력하고 우울한 삶을 탈출하여 보란 듯이 활력 있고 부러워할 만한 삶을 사는 사람들에게는 도대체 어떤 비밀이 숨겨져 있을까?

그 비밀은 놀랍게도 자신에게 있다. 자신이 원하는 목표(Accomplishment)가 있다면 나쁜 습관을 없애고 좋은 습관을 갖추는 것에 있다. 그러기 위해서는 습관을 바꾸겠다는 자신만의 굳은 결심(Decision)이 동반되어야 한다. 그리고 스스로 자신에게 어떤 습관이 존재한다는 것을 반드시 깨달아야 하고 그것을 실천(Acting)으로 옮기는 순간부터 변화는 시작된다. 당연히 그 과정에서의 일어나는 일들은 자신이 책임져야 한다. 결국, 반복적인 행동을 통해 새로운 습관을 강화해서 뇌에 새기는 연습을 하게 되면 그 습관은 변화와 성장을 위해 기름을 붓는 것과 같아서 그때부터는 스스로 원하는 방향으로 선택과 결정을 할 수 있고, 수준 있는 과업들도 거뜬히 수행할 수 있는 강력한 자원이 된다.

　우리는 각자의 일상에서 누구와 얘기하고, 어떤 행동을 해야 할지 말아야 할지 항상 결정해야 한다. 아침에 출근하기 위해 자동차를 운전하면서 화장을 하고, 지각을 피하기 위해 통화를 하면서 지름길을 찾는다. 일에서도 급한 일과 급하지 않을 일을 구분하고, 기한 내에 해야 할 일을 자꾸 뒤로 미루는 등 삶의 전반적인 태도에서 좋은 것과 좋지 않은 것을 선택하고 결정한다.

　이것은 하나의 행동 덩어리들로써 하나씩 구분되어 각자의 일상에서 행복과 불행으로 직결된다. 그 과정에서 일어나는 생각과 감정 그리고 행동은 반복된 결과물로 얻어진 습관일 뿐이다. 이렇게 하나의 습관이 작동되기 시작하면 다른 습관들은 뇌에서는 그리 관심을 두지 않는다. 다행히 우리의 뇌는 현실과 상상 그리고 좋은 습관과 나쁜 습관을 구분하지 못하기에 무기력하고 우울한 사람이라면 이 책을 읽는 동안이라도 자신의 과거와 현재 그리고 미래에 일어날 일들에 대해서 에너지를 쏟지 말고 안심해도 된다.

　찰스 두히그의 『습관의 힘』에서 윌리엄 제임스는 "우리 삶이 일정한 형태를 띠는 한 우리 삶은 습관 덩어리일 뿐이다. 실리적이고 감정적이며 지적인 습관들이 질서 정연하게 조직화 되어 우리의 행복과 슬픔을 결정하며 우리 운명이 무엇이든 간에 우리를 그 운명 쪽으로 무지막지하게 끌어간다"라고 했다. 또한, 제임스는 "자신과 운명을 통제하고 더 나아질 수 있으며 무엇이든 바꿀 수 있는 자유의지가 있다."라고 굳게 믿으면서 변화를 성취하기 위해서는 믿음의 의지가 가장 중요한 요인임을 강조했다. 즉, 변화가 가능하다는 믿음을 받아들이는 확실한 방법은 "습관"이라 주장하며 다음과 같이 결론지었다.

"처음에는 어렵게 하는 일을 점점 쉽게 해내고, 충분히 연습한 후에는 거의 기계적으로 혹은 거의 의식하지 않은 채 해낼 수 있게 해주는 힘은 바로 습관이다. 따라서 우리가 어떤 사람이 되겠다고 결심하면 그것은 마치 종이나 코트가 일단 구겨지거나 접히면 그 후로는 항상 똑같은 곳이 접히는 경향이 있듯이, 우리도 훈련하고 연습한 방향으로 성장한다."라고 했다.

또한, 미국 작가 데이비드 포스터 월리스는 2005년 졸업을 앞둔 대학생을 위한 강연에서 이렇게 말했다

"두 어린 물고기가 나란히 헤엄치고 있었습니다. 두 녀석은 반대 방향에서 다가오는 나이가 지긋한 물고기를 만났습니다. 그 물고기는 어린 물고기들에게 고개를 살짝 끄덕여 보이고는 '안녕, 물이 어떠니? 라고 물었습니다. 어린 물고기들은 어른 물고기를 지나쳐서 계속 헤엄쳤습니다. 마침내 한 녀석이 옆 친구를 바라보며' 물이 뭐야? 라고 물었습니다."

여기에서 물은 습관이다. 우리를 항상 에워싸고 있는 것으로, 아무 생각 없이 선택한 것이어서 우리 눈에 보이지 않는다. 따라서 눈여겨보려고 할 때만 보이기 시작한다.

또 윌리엄 제임스는 그의 대표작 『심리학의 원리(The Principles of Psychology)』에서 한 장을 통째로 습관에 할애하기도 했다. 그는 습관이 작동하는 원리를 가장 적절하게 비유할 수 있는 것이 물이라고 했다.

"물은 자신의 힘으로 길을 만든다. 한번 만들어진 물길은 점점 넓어지고 깊어진다. 흐름을 멈춘 물이 다시 흐를 때는 과거에 자신의 힘으로 만든 그 길을 따라 흐른다."라고 강조했다.

그럼 어떻게 하면 무기력하고 우울한 습관에서 벗어나 변화와 성장을 통해 스스로 원하는 삶을 살고 행복한 습관을 구축할 수 있는지 알아보자. 과연 당신은 행복할 수 있는 자격이 있는가? 일단 이 책의 마지막까지 왔으니 당연히 자격이 있다.

찰스 두히그는 습관을 바꿀 수 있는 기본 틀을 제시하고 누구나 포기하지 않고 꾸준하게 노력하면 나쁜 습관을 없애고, 좋은 습관을 갖출 수 있다고 했다. 여기에서 나쁜 습관은 무기력하고 우울한 패턴에 갇혀 소중한 인생을 낭비하는 삶을 말한다. 반면, 좋은 습관은 시경에 나오는 어약연비(魚躍鳶飛)의 뜻처럼 물고기가 거친 물살을 거슬러 올라가는 모습과 솔개가 자신이 원하는 대로 넓은 상공을 자유자재로 나는 것을 말한다. 한 마디로 어약(魚躍)은 무기력한 사람이 무기력을 탈출하는 모습이고, 연비(鳶飛)는 무기력을 탈출하여 남들이 부러워할 만한 삶을 사는 모습이다.

우리 뇌의 안쪽 깊은 곳에는 우리의 움직임과 행동을 담당하는 선조체가 있다. 선조체는 위쪽과 아래쪽으로 분류되는데 우리의 습관은 배측(위쪽)선조체(Dorsal striatum)가 관여한다. 복측(아래쪽)은 순간적인 충동과 쾌락을 추구하며 기분 좋은 일들을 끊임없이 찾게 하는 측좌핵(Nucleus accumbens)이다. 배측선조체가 일관된 행동을 유지하고 지속한다면 측좌핵은 순간적인 유혹에 이기지 못하고 술과 기름진 정크푸드 같은 음식을 찾게 한다. 조금 더 쉽게 말하면 우리의 습관은 우리가 그렇게 살면서 일관되게 해 온 행동의 결과물이다.

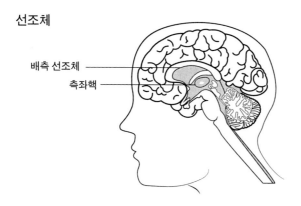

선조체

배측 선조체 ─

측좌핵 ─

우리는 주변 사람들에게 굳이 말하지 않아도 스스로 습관을 바꾸고 싶은 생각을 하고 그 비밀도 알고 싶어 한다. 무기력에서 탈출하고 싶어도 방법을 모른 채 평생 허우적대고 있는 사람이라면 변화의 전환점이 될 수 있는 습관의 기본틀을 이해해야만 한다. 그럼 찰스 두히그가 제시한 습관의 기본틀은 무엇일까?

기본틀

● 반복행동을 찾아라.

● 다양한 보상을 실험해 보라.

● 신호를 찾아라.

● 계획을 세워라.

위와 같이 기본틀을 근거로 하여 단계별로 하나씩 만들어 가보자.

1단계: 반복행동을 찾아라.

당신은 직장에서 일로 인해 스트레스를 받게 되면 어떻게 반응하는가? 그 스트레스를 해소하기 위해 어떤 생각을 하고, 어떤 감정을 느끼며 어떻게 행동을 하는가? 퇴근 후에 집으로 가서 무심코 치킨과 맥주, 소시지, 피자 같은 정크푸드를 먹는 상상을 하는가? 술과 기름진 음식의 유혹에 이끌려 포만감을 느끼며 취해 잠이 들고, 다음날 후회하게 되는 것을 잘 알지만 안타깝게도 이런 행동들은 나쁜 습관으로 자리 잡아 항상 반복되고 있다.

스트레스를 쾌락을 주는 술과 정크푸드로 해소하는 것이 습관으로 자리 잡았다면 당신의 체중은 미루어 짐작할 수 있다. 늘어난 체중을 감량하기 위해 식단도 짜고, 운동도 해서 목표로 한 감량에 거의 근접했지만, 이전에 경험했던 동일한 스트레스 대응 패턴으로 다시 술을 마시고 정크푸드를 먹는 악순환에 빠지게 된다면 그동안 노력했던 과정은 물거품이 되고 만다. 도대체 이런 나쁜 습관의 패턴은 무슨 이유에서 반복될까?

찰스 두히그는 『습관의 힘』에서 모든 습관에는 신호-반복행동-보상이라는 패턴이 작용한다고 했다. 조금 더 쉽게 말하면 어떤 신호에 의해서 반복되는 행동이 나오고 그 행동이 보상을 주고, 또 그 보상을 반복해서 얻기 위해 자신이 원하는 열망이 무엇인지를 알아내는 것이다. 결국 좋은 습관이든 나쁜 습관이든 반복될 수밖에 없는 '습관 고리'를 이해하는 것을 강조하면서 첫 번째 '반복행동을 찾아내는 것'이 중요하다고 했다. 그것을 그림으로 표현하면 아래와 같다.

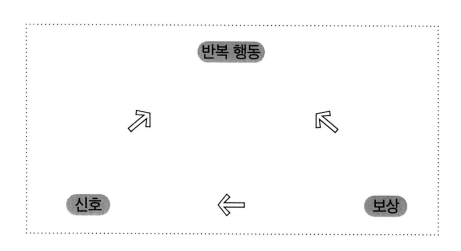

당신이 스트레스 해소를 위해 가장 손쉽게 획득할 수 있는 술과 정크푸드를 먹고 마는 '습관 고리'를 발견했다면 그 습관 고리는 당신에게 어떤 보상을 주면서 계속해서 반복되는지를 알아야 한다. 그러기 위해서는 다양한 보상을 실험해야 한다.

2단계: 다양한 보상으로 실험해 보라

첫 번째 당신이 스트레스 해소를 위해 술과 정크푸드를 먹고 싶은 충동을 느낄 때면 새로운 반복행동을 계획해서 새로운 보상을 얻게 해 보라. 쾌락을 주는 술과 정크푸드 대신 맛난 김치찌개와 잡곡밥으로 대신한다든가 식사를 한 후에 집 앞 공원에 나가 가볍게 산책과 줄넘기 같은 운동을 해도 좋다. 아니면 술의 양을 그전에 먹었던 양에 비해 절반 정도 줄여 보는 것도 좋은 방법이다. 여기서 중요한 것은 반복되는 행동을 할 수밖에 없는 열망을 찾는 것인데 스스로 술과 정크푸드를 찾는 이유가 밥 짓는 것이 귀찮아서 술과 기름진 정크푸드를 식사 대신 먹으려고 하는가? 피로에 지쳐 술을 먹고 잡념 없이 자고 싶어서인가? 아니면 정말 배가 고파서인가? 술을 통해 직장의 일과 스트레스를 잊고 싶어 그런 것인가? 아니면 그냥 편히 쉬고 싶어서인가? 과거의 트라우마에서 벗어나기 위해 술을 찾는가? 사랑하는 연인과의 이별의 고통을 줄이기 위해 술을 마시는가?

이런 생각이 들 때면 즉시 메모장을 준비해서 자신의 머릿속에 가장 먼저 떠오르는 몇 가지를 아래와 같이 메모지에 적어 보라.

밥하는 것이 귀찮다. 기분 좋다. 배고프지 않다. 스트레스가 풀린다. 맛있다. 쉬고 싶다. 다른 생각이 들지 않는다.

그다음 15분 후에 알람이 울리도록 맞춰놓고 '아직도 술과 정크푸드가 먹고 싶은가?'라고 자신에게 물어본다. 이런 이유는 그리 중요한 생각이 아닐지라도 일시적으로 자신의 생각과 느낌을 의식하게 해주고, 무엇에 주의를 기울이고 있는지가 습관이 될 수 있기 때문이다. 그리고 자신 스스로 열망하는 보상이 무엇인지를 알기 위해서다. 계속해서 술이 마시고 싶다면 당신은 배가 고파서나 밥하는 것이 귀찮아서 그런 것이 아니다. 하루의 피로를 잊기 위해 술을 마시는 것일 수도 있고, 과거의 상처를 잊고 싶어 술을 마시는 것일 수도 있다. 또는 정말 휴식이 필요해서 그럴 수도 있다. 이처럼 실제로 자신이 열망하는 것을 찾아내는 것은 새로운 습관을 구축하는 데 반드시 필요하다. 반복행동을 찾아냈다면 습관 된 행동을 하게 하는 신호도 찾아내야 한다. 그럼 신호를 찾아보자.

3단계: 신호를 찾아라

우리가 매일같이 출근할 때 같은 길로 반복해서 다니는 이유는 무엇일까? 무기력하고 우울한 사람이 침대에서 일어나지 못하고 하루를 거의 누워만 있고 싶은 이유는 무엇일까? 자리를 박차고 일어나 운동을 해야 한다는 것을 알지만 그것을 행동으로 옮기지 못하는 이유는 무엇일까? 다이어트를 위해 운동을 계획하고 실행으로 옮기지 못하는 사람들은 왜 그럴까? 친구와 약속하고도 그냥 나가기 싫어 약속을 취소하거나 아예 전화조차도 하지 않은 사람은 어떤 이유에서 그런 행동을 반복할까? 이러한 이유들은 하나같이 아래 다섯 가지 중 하나를 포함한다.

장소, 시간, 감정상태, 다른 사람, 직전의 행동

그래서 술과 정크푸드를 먹고 싶은 신호를 찾아내려면 그런 충동이 밀려오는 순간 위의 다섯 가지 질문에 답해 보라.

장소: 퇴근하는 지하철 안에 앉아 있다.

시간: 저녁 6시 15분

감정 상태: 피곤해서인지 배도 고프고 짜증이 밀려온다.

다른 사람: 아무도 없다.

직전의 행동: 지하철 타기 전에 직장 상사와 통화를 했다.

다음 날

장소: 사무실에 있다.

시간: 오후 5시 30분

감정 상태: 유쾌하지 않다. 퇴근 전에 결재받을 일이 있어 급한 마음이 든다.

다른 사람: 주변에 직장 동료들이 있다.

직전의 행동: 상사로부터 결재 서류를 요구받았다.

또 다음 날

장소: 회의실

시간: 오후 5시 00분

감정 상태: 피곤하고 쉬고 싶다. 업무로 인해 내일 출장을 가야 해서 스트레스가
                  밀려온다.

다른 사람: 주변에 직장 동료들이 있다.

직전의 행동: 내일 출장으로 인해 일정에 대해 부장에게 보고했다.

위에서 보는 바와 같이 겨우 3일 만에 술과 기름진 정크푸드를 먹고 싶은 신호를 찾아냈다. 그 신호는 거의 같은 시간대에 술과 정크푸드를 먹고 싶은 충동을 유발했는데 그것에 따른 보상은 업무 스트레스로 인한 휴식이었다. 또한, 그 습관은 퇴근 시간을 기준으로 1시간 전후로 나타난다는 것을 찾아냈다.

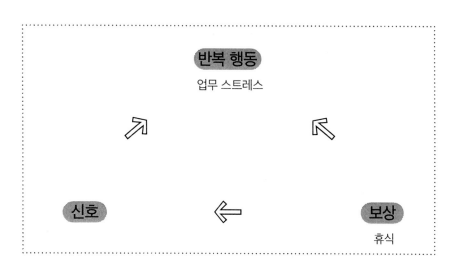

4단계: 계획을 세워라

3단계를 통해 각자의 습관 고리를 파악했다면 습관적인 행동이 바라는 보상과 신호를 통해 스스로 반복되는 행동이 무엇인지 알아낼 수 있다. 그러면 그 행동을 변화시킬 수 있는 조건을 갖춘 것이다. 조금 더 쉽게 말하면 가장 먼저 신호를 알아차리고, 스스로 열망하는 보상에 대한 새로운 행동을 선택함으로써 반복행동을 원하는 방향으로 전환 시킬 수 있는데 이 과정에서 필요한 것은 계획이다. 그래서 3단계를 참고하여 새로운 계획을 작성해보면 다음과 같다.

적어도 퇴근 시간 2시간 전부터는 물과 음료로 수분을 보충하고, 조금 더 적극적인 업무 태도를 위해 퇴근 시간 1시간 전까지는 중요한 업무부터 마무리해서 상사에게 검토를 맡겠다. 퇴근 후에는 술과 정크푸드 대신 잡곡밥과 삶은 고기, 샐러드로 건강을 챙기고, 식사 후에는 30분 이상 줄넘기 등과 같은 유산소 운동을 하겠다.

위와 같이 계획한 대로 실행해도 잘 지켜지지 않을 수 있다. 처음에는 신호를 찾아내는 것도 어렵고 식사 후에 운동하는 것 또한 익숙하지 않아 잘 지켜지지 않고 실패하기도 한다. 일에 집중한 나머지 수분을 보충하는 일도 잊어버릴 수 있고, 가중된 스트레스로 인해 퇴근 전부터 기름진 정크푸드로 식사하고 있는 모습을 상상할 수도 있다. 이 모든 것이 마음먹은 대로 될 수만 있다면 얼마나 좋겠는가? 이러한 과정을 딛고 계획한 새로운 행동을 반복하고 또 반복해야만 자연스럽게 몸에 배어 행동으로 나오게 된다. 여기에 어떤 좋지 않은 습관도 좋은 습관으로 바꿀 수 있다는 자신만의 강력한 믿음이 동반된다면 그 습관은 오래 유지될 수 있고 자신의 삶에 전환점을 맞이할 수 있다는 것 또한 잊지 말아야 한다. 이쯤 설명했다면 이제 변화를 위해 새로운 반복행동을 하는 것은 전적으로 당신 몫이다. 당신이 무기력하고 우울한 악순환에 빠져 있다면 이제 그 악순환에서 나올 수 있는 기회를 잡은 셈이다. 이래도 움직이지 않을 것인가?

어디로 가는가

아무것도 시도하지 않는 사람은
앉은 자리에서 자신의 운명을 맞게 된다.

대부분의 사람들에게 가자 커다란 위험은

목표가 너무 높아 도달하지 못하는 것이 아니라

목표가 너무 낮아 쉽게 성취하는 데 있다.

자신이 어이로 가는지 모른다면

원하는 데 도달해서도 그것을 놓치게 된다.

앞으로 나가는 것만으로는 충분하지 않다.

나아가는 방향이 항상 바른 길이어야 한다.

자신의 머리와 마음을 바르게 가진다면

자신의 발이 어디로 향하는 지 염려할 필요가 없다.

메리 크리소리오

제 4 장

무기력으로부터의
해방을 위한 워크숍

1.
무기력 수업 교육과정 소개

✚ 교육개요/목표

엔데믹 시대를 살아가는 대부분 사람은 육체적, 정신적, 정서적, 심리적으로 탈진(Burn out)하고, 조직과 사회, 주변인으로부터 고립되고 있는 사람들이 점점 더 많아지고 있습니다.

특히 직장에서 최선을 다하지 않고 적당히 시간을 때우거나 출근만 하면 무기력을 느낀다는 '회사 우울증'을 호소하는 직원들, 정작 중요한 일을 하지 못하고 집중해야 할 일 대신 다른 일에 몰두하는 사람들 또한 무기력한 사람임을 알 수 있습니다.

이러한 현상은 '자발성'과 삶에 대한 의욕이 상실됨은 물론 환경과 사건을 스스로 통제할 수 없는 통제 불가능한 상황임을 알아야 합니다. 그런 사람들은 스스로 최선을 다해 열심히 일한다고 착각하지만, 얼마 지나지 않아 이것은 '악순환의 고리'라는 것을 깨닫게 됩니다.

하지만 다행인 것은 '무기력(Helplessness)'도 학습되지만, 자신의 삶을 '활력(Vitality)'있게 사는 것도 학습할 수 있다는 사실입니다.

그래서 본 교육과정은 첫 번째 무기력에 찌든 일상에서 좋은 것을 선택할 수 있는 능력과 함께 각자의 삶에서 의미(Meaning)와 동기(Motivation)를 갖게 하여 세상에 당당히 직면(Confront)하게 하는 것입니다.

두 번째 세상과 사람을 바라보는 시각(Cognitive)을 좋은 쪽으로 전환하게 하여 매 순간 감정(Emotion)의 노예로 살아가는 패턴을 제거하는 것입니다.

세 번째, 건강한 어른으로서 스스로의 행동(Behavior)에 책임을 지고, 각자의 꿈과 비전, 목표를 성취(Accomplishment)할 수 있게 하여 건강한 사람으로 기능하게 하고, 자신과 중요한 타인을 포함하여 가족, 조직, 사회, 국가의 행복지수 향상을 위해 기여하고 관여할 수 있게 하는 것입니다.

✚ 교육과정/특강/워크숍 신청: 무기력연구소 홈페이지(www.무기력.kr) 참조
- 무기력 수업 초급과정/8H: 이론/실습
- 무기력 수업 중급과정/8H: 이론/실습
- 무기력 수업 고급과정/8H: 이론/실습
- 무기력 수업 강사과정/16H: 이론/실습/발표

✚ 교육대상

누구나

✚ 교육주최/주관/후원

무기력연구소, 국제심리치료협회, 한국심리치료협회

✚ 교육특전
- 무기력연구소 수료증 발급
- 사회단체 한국심리치료협회 무기력심리지도사 2급 자격증 발급
- 사단법인 국제심리치료협회 무기력지도사 3급 자격증 발급(희망자에 한함)
- 우수 수료자는 트레이닝 후에 강사 활동 지원 등

단 한 번밖에 없는 인생

인생의 길이는 수명으로 결정되는 것이 아닙니다.

중요한 것은 몇 년 동안 죽지 않고 버텼느냐가 아니라

얼마나 좋아하는 일을 하며 살았느냐입니다.

아무리 오랫동안 살아 있었다 하더라도

자기가 좋아하는 일을 하지 않고 살았다면

무슨 의미가 있을까요.

대부분의 사람들은

좋아하는 일을 하기 위해서가 아니라

오히려 하지 않기 위해

열심히 참으면서 살아갑니다.

그리고 그러한 삶을 죽는 날까지 계속합니다.

이것은 결국 한 번도 태어나지 않은 채

죽어 가는 것과 마찬가지인 것입니다.

단 한 번밖에 없는 인생.

진정으로 자기가 좋아하는 일을 하다가

마감하고 싶지 않습니까?

작자 미상

2.
외국계 기업의
중간관리자 A씨 사례

Hi! 너였구나! 무기력…

2014년 만 40세의 나이에 10년 넘게 근무한 첫 직장을 사직하고 새로운 길을 찾아야 하는 상황이 되었다. 이직을 미리 준비하지 않았고 현 직장에서 나름 최선을 다하고 있던 상황이라 답답함과 두려움이 많았다. 그냥 고개를 푹 숙이고 없는 것처럼 지내면 못 버텨 낼 일도 아니지만 난 변화를 선택했다. 더 이상 내 삶을 무의미하게 수동적으로 살아내기에는 한 번뿐인 인생이 정말 아깝게 느껴졌다. 6년 4개월의 군복무를 마치고 첫 직장에 취직이 되었다. 입사 교육 성적 또한 좋아 비교적 남들이 부러워하는 부서에서 일하게 되었다. 남들보다 조금은 빠른 진급을 했고, 내 분야에서 최고가 되기 위해 남다른 노력을 했다. 나는 능력을 인정받았고 후배들이 따르는 선배가 되어 갔다. 재빠른 행동과 눈치로 상사들의 사랑도 독차지 할 수 있었다. 고객들은 나를 만나는 것을 즐거워했고 나는 하루하루 자신감이 가득한 삶을 살았다.

그러던 지난 2010년 충격적인 형의 죽음을 맞이하게 되었다. 공군전투기 조종사였던 형은 후배조종사 비행교육 도중 강원도 황병산 자락에서 후배 2명과 함께 전투기 추락사고로 처참한 죽음을 맞이하게 되었다. 형의 생존을 간절히 바라며 사방이 흰 눈으로 가득한 황병산 자락을 몇 시간 동안 수색한 끝에 불타고 남은 형의 이름이 분명한 포재 명찰과 으스러진 살 몇 점, 뼈 몇 조각을 찾았고 그것이 형의 마지막 모습이었다. 아홉 터울의 형은 항상 나의 롤 모델(Role model)이었고 존경의 대상이었다. 평생 가난하게 살아온 부모님과 가족들에게 형은 항상 희망과 심리적 의존의 대상이었다. 그런데 우리 가족의 희망이 한순간에 절망으로 변해버렸다. 또한, 슬픔을 슬픔답게 표현할 수조차 없었다. 비행대대장이었던 형의 죽음으로 인해 대대 전체를 슬픔에 잠기게 만든 죄인의 심정으로 오히려 그들을 위로하고 다독여야 하는 역할을 감당해야만 했다. 형의 죽음 앞에서 내가 할 수 있었던 것은 아무것도 없었다. 심지어는 마음껏 우는 것조차도….

사랑하는 형을 대전현충원에 묻고 9개월 후 아버지가 돌아가셨다. 형의 죽음으로 인해 본인 삶의 의지를 내려놓으셨던 것이다. 8년 전 후두암 수술을 하고 비교적 잘 관리하고 계시다가 형의 죽음으로 인한 슬픔으로 인해 급격히 식도암으로 전이되어 돌아가셨다. 몸의 이상을 발견하고 정밀검사를 했을 때는 이미 식도암 말기였고 아버지의 잔여 생존기간은 2개월 정도였다. 지금도 가장 힘들었던 기억은 식사도 제대로 못하시고 뼈만 남을 정도로 말라서 돌아가시는 아버지를 지켜보는 것이었다. 이렇게 형과 아버지는 내 곁을 떠나갔고 나는 70이 넘은 노모와 네 명의 누나가 있는 집안의 가장이 되었다. 어머니는 원인을 알 수 없는 어지럼증으로 자주 쓰러지셨다. 한순간에 내가 결정해야 하고 감당해야 할 일이 너무 많아졌다. 술도 늘었고 화도 늘었다. 나도 모르게 멍하게 지내는 시간이 늘었다.

고객들을 만나는 시간보다는 만남을 미루는 일이 많아졌고 미래에 대한 두려움과 함께 세상에 대해서도 적극적이지 못한 나날이 계속되었다. 상사와의 관계도 멀어졌다. 몸은 알 수 없는 고통으로 인해 움직일 때마다 많은 고통을 참아내야 했다. 그래도 난 잘 이겨내고 있다고 생각했다. 난 강한 사람이니 괜찮을 거라고 스스로를 위로 아닌 위로를 하면서 그렇게 버텨낼 수밖에 없었다.

그러던 어느 날 운전 중 앞차를 들이받는 3중 추돌 사고를 내면서 나 자신이 이상하다는 것을 알았다. 예전의 내가 아니었다. 하지만 무엇이 문제인지 알 수가 없었다. 겉보기에는 너무 멀쩡했기 때문이고 우울증 같은 것은 더더욱 아니었다. 하지만 수많은 계획을 세울 뿐 실행할 엄두를 내지 못했고, 새롭게 시작할 용기가 나지 않는 나는 분명히 문제가 있었다. 그때즈음 무기력연구소 나명진 대표를 통해 무기력지도사 교육과정을 공부했다. 교육시간이 더해지면서 정말 어이없게도 여태껏 나를 지배하고 있는 녀석이 무기력이라는 것을 알게 되었다.

그것도 진드기처럼 떨어지지 않고 내 어깨에 무겁게 자리하고 있었다. 무기력의 실체를 알고 나서 무기력은 극복하고 물리쳐야 할 대상임을 깨달았다. 갑작스러운 형의 죽음으로 인해 감당하지 못할 만큼의 급성 무기력이 왔었고, 그 죽음을 돌아볼 겨를도 없이 아버지의 죽음까지 겹치며 나를 옭아매는 만성적인 무기력으로 발전된 것이었다. 그것이 무기력이란 것을 모르고 나는 열심히 최선만 다하면서 살아왔다. 한 마디로 무기력은 나의 삶을 서서히 병자처럼 바꾸어 놓았고 난 무기력의 노예가 되었던 것도 몰랐다.

그래서 나는 기필코 무기력을 극복하기로 결심하고 난 후 곧바로 행동에 들어갔다. 그동안의 생활 패턴에서 벗어나기 위해 난 만 40의 나이에 두 번째 직장으로 이직을 결심했고, 와이프가 활동하고 있는 노래팀에 들어가기로 결심했다. 몸의 통증을 치료하기 위해 병원도 찾았다. 그리고 뭐든지 너무 잘 해야겠다는 조급한 마음을 내려놓기로 결심했다. 또한, 나명진 소장과 함께 항상 배우는 것을 선택하면서 무기력지도사, 긍정심리지도사, 행복심리지도사, 웃음심리지도사, 탈무드 하브루타 등을 공부하며 한 발 더 하나님의 아들로 다가설 수 있었고, 어느새 나도 모르게 무기력이 쳐 놓은 늪에서 벗어나고 있었다. 강직성척추염을 치료받고 있는 나는 이제 내 주변 사람들의 행복에도 관심을 쏟고 있다.

그 결심들과 함께 3년이란 시간이 순식간에 흘러갔고, 지금 나는 외국계 기업에 다니며 남들보다 평균 이상의 연봉을 받고 '리멤버90'이란 노래팀원으로 간혹 무대에서 노래를 부른다. 나명진 소장의 권유로 독서연구 동아리를 만들어 운영하고 있고, 여가시간은 가족들과 함께 항상 새로운 것을 배우면서 즐기는 삶을 이어가고 있다.

사람들이 무기력의 실체를 알아야 극복할 수 있는 있다는 것을 모르고 사는 것 같다. 특히 직장 생활을 하는 대한민국 남성은 오랜 시간 동안 무기력한 상태에 있는 자신을 발견하지 못하고 그저 자신의 무능함과 부족함이라고 치부하면서 자신을 학대하고 있는 것 같다. 나에게 무기력은 결정장애, 몸의 이상징후, 판단장애, 자신감 결여, 대인기피증, 분노조절장애, 과음과 수면부족, 상실감, 보상심리 등으로 나타났다. 혹시 나와 같은 증상을 느낀다면 무기력에 대해 공부하고 이를 꼭 극복해 나가기를 바라는 마음이다. 나는 이제 이렇게 외친다.

"Hi~!! 너였구나~ 무기력~!! ^^ "

용기 있는 한 사람이 다수를 이끈다

용기 있는 사람이라고
두려움이 없는 것은 아닙니다.
단지 두려움에 대항하여 이겨낼 뿐입니다.

진정한 용기는 하늘의 연과 같습니다.
바람이 셀수록 연이 높이 올라가듯이
시련이 크면 클수록 더 큰 용기가 솟습니다.

핍박 속에 피어나는 우아함이 바로 용기입니다.
용기 있는 사람은
상대가 무엇을 두려워하는지 아는 사람입니다.
계속 죄를 짓는 것보다 잘못을 회개하는데
더 큰 용기가 필요합니다.

자유를 지킬 용기가 있는 사람만이
자유를 누릴 수 있습니다.
용기란 인간의 첫 번째 조건입니다.
용기야말로 그 모든 것을 보장할 수 있는
첫걸음이기 때문입니다.

메리 크리소리오

3.
40대 직장인 K씨 사례

살맛나게 살고 있습니다~!

2004년 봄 사랑하는 막냇동생을 먼저 보내고 힘겨운 나날을 보내고 있던 어느 날이었다. 평소처럼 일을 하는 중이었는데 몸에 이상한 증상들이 나타났다. 몸이 한없이 가라앉고 어지럼증이 심해져 나도 모르게 긴장을 하게 되면서 심장이 미친 듯이 뛰기 시작했다. 그 길로 내과에 가서 간단한 검사를 했으나 특별한 이상은 발견되지 않았다. "내가 왜 이러지…?" 몹시 당황했던 기억이 아직까지 남아있다. 그 후로도 증상들이 계속되어 응급실을 몇 번 가게 되었는데 특별히 별다른 이상은 없었다. 조금 더 정확한 진료를 위해 응급의학과 전문의로부터 정신과 진료를 권유받고 난 후 공황장애라는 진단을 받았다. 약물치료와 인지행동치료를 병행해서 시작했지만 증상은 여전하거나 더 심해졌다.

몸도 마음도 피폐한 채로 하루하루 덧없는 시간이 지나가고 있었다. 게다가 광장공포증까지 더해지면서 생활의 제약은 심해졌고 급기야 대중교통을 이용할 수 없는 상황에까지 이르다 보니 나 자신도, 곁에서 지켜보는 남편도 힘든 시간의 연속이었다.

그렇게 시간은 무심히 지나갔고, 2012년 2월 나명진 소장을 통해 상담전문가인 이병준 박사님을 뵙게 되었다. 네 살 때 엄마를 잃고 맏이로 자라면서 말이 없었던 나는 너무 일찍 어른 된 아이로 내가 느꼈을 고통을 처음으로 마주하며 얼마나 서럽게 울었는지 모른다. 그리고 공황장애로 오랜 시간을 힘들어하면서도 도무지 알 수 없었던 불안의 원인이 어린 시절부터 비롯된 것이었음을 깨닫게 되었다. 그 시절의 나는 아빠가 너무나도 무서웠고 새엄마는 불편했다. 맏이로서 마음 편하게 기댈 수 있는 애착의 대상이 어디에도 없었다.

상담 과정에서 추천받은 책을 읽으면서 문득 떠오르는 일들이나 생각들을 글쓰기를 통해 표현하는 작업을 계속해 나갔다. 그해 가을엔 나명진 소장님의 추천으로 사이버대학교 상담심리학과에 편입하여 2년을 공부하면서 내 마음의 문제에 대해서 조금 더 깊게 들여다볼 수 있었다.

지난 10년 가까운 시간을 공황장애로 힘들어하며 다른 생각은 전혀 할 수 없었던 내가 새로운 일을 시작하고 끝을 낼 수 있다는 것에 스스로 신기할 수밖에 없었다. 2014년 여름 병원 일을 정리하고 평생 사업이라고는 한 번도 해보지 않았던 두 사람이 마트를 경영하면서 준비 없이 시작한 것에 대한 혹독한 대가지불을 하며 힘든 시간을 보냈다. 쉬는 날 없이 이어지는 고된 일정에 몸도 마음도 지쳐가기 시작했다. 솔직히 나에게 마트 일이라는 것은 정말 힘에 버거웠다. 모든 의욕을 잃어버린 듯 하루하루를 지내던 중 나명진 소장님의 추천으로 무기력 교육에 참여하게 되었다. 이대로는 정말 안 되겠구나 싶은 절박함에 선택한 교육은 힘들다는 핑계로 삶을 살아내기에 급급했던 나 자신을 돌아보고 삶의 의미는 물론 목표를 재설정할 수 있는 특별한 시간이 되기에 충분했다.

무엇보다 현실을 힘들어하면서도 내가 해야 할 일들을 묵묵히 수행은 했었기에 무기력과는 거리가 멀다고 생각했었던 내게 그동안의 내 삶이 무기력한 삶의 표본이었다는 사실에 깊은 충격을 받을 수밖에 없었다. 수없는 공황발작으로 죽을 것 같은 불안에 시달리며 그 앞에서 무기력했던 나는 시간이 지날수록 스스로를 공황장애 환자로 낙인을 찍으며 그 안에 갇혀 꼼짝달싹하지 못하게 했고, 오랜 시간 무기력하고 힘들게 보낸 나에게 남은 것이라고는 깊은 절망감 뿐이었다. 그렇게 살아온 사실을 무기력 교육을 통해 깨닫듯이 알게 되었고 나에 대해 더 깊이 이해하는 계기가 되었다. 그로 인해 그동안 나의 치부라고 생각하며 어느 누구에게도 말하지 못했던 나의 과거를 이제는 편안하게 얘기할 수 있게 되었다. 무엇보다 이제는 스스로를 온전하고 편안하게 대할 수 있게 되었고 타인과 함께하는 시간도 웬만큼 불편하지 않을 정도가 되었다. 있는 그대로 나를 인정하고 대접하기 시작하면서 그동안 그렇게 힘들었던 평범한 일상들이 다시 가능해졌다. 정말 꿈만 같은 일이다. 이제 다시 내가 진정 원하는 것을 꿈꾸며 그 꿈을 위한 노력을 자신 있게 해나가고 있다. 이 또한 가슴 벅찬 일이 아닐 수 없다.

　사람은 누구를 만나느냐에 따라 삶의 방향이 달라지는 것을 알 수 있다. 나 또한 내 곁의 소중한 타인들을 통해 점점 더 성장해가고 있다. 지금까지 내 삶의 상처였던 결핍과 상실들은 나를 든든하게 지지해주는 소중한 자양분이 되어 주기에 충분하다. 이제 나는 과거의 상실과 상처 덕분에 세상을 더 새롭게 볼 수 있게 되었다. 그래서 하루하루가 정말 살맛난다.

큰일을 가볍게, 작은 일을 무겁게 생각하기

경영이 큰 것을 다스리는 것처럼 보이지만

결과는 언제나

작은 정성과 관심이 모여서 이룩된다.

큰일은 가볍게

작은 일을 무겁게 생각하는

마음가짐이 중요하다.

이병철

NO 無氣力, YES 舞起力

지난 2018년 4월 초 따뜻한 봄날 나는 어머니와 함께 35년 만에 어릴 적 자랐던 시골집을 찾았다. 멀리서 본 주변 풍경은 여전히 진달래와 벚꽃들이 만개했지만, 가족들이 살았던 흔적들은 온데간데없이 집터만 남아 있어 아쉬움과 애잔함이 교차했다. 집터 옆으로는 아담한 조립식 주택이 대신하고 있었다. 부모님께서 일구시던 밭은 50대 중후반으로 보이는 남성이 밀짚모자를 쓴 채 구슬땀을 흘리며 소농을 하고 있었다. 어머니는 집터 주변을 오가며 한숨 섞인 모습으로 한참을 멍하니 서 있기도 했고 예전 기억을 떠올리며 마른 눈물을 흘리기도 하셨다. 나 또한 가장 마음 아픈 기억이 있고, 아버지의 모습이 있던 마당 입구 쪽에 서서 예전의 감정과 접촉했다. 그 자리에 서서 나는 "아버지 많이 힘드셨죠? 제가 부축해 드릴 테니 어서 일어나서 방으로 들어가요. 그리고 이제는 아무 걱정 마시고 천국에서 마음 편하게 계세요. 아셨죠? 제가 어머니 편안하게 모시고 밝고 건강하게 최선을 다해서 살아갈게요. 사랑합니다. 아버지… 보고 싶습니다. 그리고 미안합니다. 고맙습니다"라고 말씀드렸다. 그리고 이제 그 아픈 기억 속에 묶여 있지 않겠노라고 아버지 앞에서 선언했다.

사람이 불안하거나 무섭고 불편했던 경험들은 다시 경험하고 싶어 하지 않지만, 그때 그 자리에 있었던 어린 나를 위로하고 힘든 삶을 살아 왔던 나와 우리 가족들의 미해결과제를 해결하기 위해 그 기억과 장소에 직면하기 위함이 솔직히 더 컸다. 그리고 그 아픈 기억을 지우고 싶었다. 얼마 전 친한 지인과 대화 도중에 "사람의 무기력에 관한 연구와 치료를 하는 사람은 국내에 거의 없기에 진정 사명에 최선을 다해야겠네요."라는 말을 나에게 해주었다. 맞는 말이다. 하지만 요즘 나는 순간순간 그 사명을 긴급한 일의 횡포에 시달리는 나머지 가끔 잊고 살아갈 때가 많았다. 내 주변에 이런 말을 해주는 사람이 있어 정말 감사하고 사람을 살려내는 일을 사명으로 할 수 있는 직업을 선택한 것에 또한 감사한다. 그리고 그 감사함이 무기력에 찌들어 불행한 삶을 살아가고 있는 대한민국 모든 이에게 희망을 줄 수 있기를 다시 한번 간절하게 소망한다. 그리고 행복하다.

참고자료

서적

1. 몸은 기억한다(베셀 반 데어 콜크/을유 문화사 2016년 1월), 트라우마와의 대면 (P 24)

2. 우리 부부 어디서 잘못된 걸까?(이병준/영진닷컴, 2016년 6월)

3. 가족의 재탄생(이병준/애플북스, 2010년 5월), 미숙아들이 결혼하는 나라(P 39~44)

4. 문제는 무기력이다(박경숙/와이즈 베리, 2013년 2월), 인생 발목 잡는 은밀한 방해자 무기력(P 9),

   -미리해보는 간편한 무기력 테스트 (P 20~21), 지금은 사막을 건너는 중(P 151),

   의식의 단계(P 48~54)

5. 정신분석으로의 초대(이무석/이유, 2006년 4월), 자아의 방어기제(P 159~204)

6. 굿바이 게으름(문요한/더난출판사, 2009년 2월), 천의 얼굴을 한 게으름(P 30~33)

7. 긍정심리학(마틴 셀리그만/물푸레, 2009년 11월),

   용서에 이르는 길-REACH(P 129~135), -포다이스의 행복도 검사(P 35~36),

   일반행복도 검사(P78~80), -감사지수 검사(P 117~118)

8. 우울증의 인지치료(아론 벡/ 2014년 3월),

   자동적 사고들과 심상들의 검토 및 현실검증(P 179~180)

9. 웃음의 심리학(마리안 라프랑스/중앙북스, 2012년 1월), 사랑과 웃음의 과학(P 21~26)

10. 회복탄력성(김주환/위즈덤하우스, 2011년 3월) , 나의 회복탄력성지수는? (P 66~72)

11. 치유(다비드 세르망-슈레베르/문학 세계사, 2004년 5월),

　스트레스를 통제하는 감정지능(P 24~28), 두가지의 뇌: 감정뇌와 인지뇌(P 31~40),

　조깅으로 우울증을 극복한 자비에라(P 170~181)

12. 편안함의 배신(마크 쉔.크리스틴 로버그/위즈덤 하우스, 2014년 4월),

　편안함의 과잉시대(P 15~20), 내일의 나를 죽이는 오늘의 편안함(P 34~38)

13. 지금 이순간 나에게 꼭 필요한 한마디(로저스 쉴러/이가출판사, 2014년 8월)

14. 스트레스 넘어서기(마틴 쉐퍼/태학당, 1992년)

15. 번아웃(크리스티나 베른트/시공사, 2014년 9월)

16. 낙관성 학습(마틴 셀리그만/물푸레, 2012년 7월)

17. 마음(이무석/비전과리더십, 2011년 5월)

18. 30년 만의 휴식(이무석/비전과리더십, 2006년 12월)

19. 성격(이무석/두란노서원, 2014년 3월) 2030

20. 기회의 대이동(최윤식·김건주/김영사, 2014년 8월)

21. 천 개의 공감(김형경/한겨레출판, 2006년 12월)

22. 습관의 힘(찰스 두히그/갤리온, 2012년 10월)

23. 하버드 스트레스 수업(왕팡/와이즈맵, 2021년 4월)

24. 우울할 땐 뇌과학(앨릭스 코브/푸른숲, 2018년 3월)

25. 우울할 땐 뇌과학, 실천할 땐 워크북((앨릭스 코브/2020년 1월)

26. 세로토닌하라(이시형/2010년 7월)

기타 자료

1. 아시아경제(2015.05.17), 한국 어린이, 물질적으로는 풍요롭지만 '가장 불행'

2. 한국일보(2015.04.08), "직장·대학이 무슨 소용… 공무원만이 나의 꿈"

3. 세계일보(2015.03.29), 노예처럼 일하고 열정페이

4. 국민일보(2015.03.20), 늙어가는 한국인… 평균 연령 첫 40세 넘겼다

5. MBC(2015.5.7), 중장년층 남성 자살률 '심각'… 나이 들수록 증가, 왜?

6. 최윤식(김영사/2014.08.13) 2030 기회의 대이동

7. 헤럴드경제(2015.8.9) 인문교수, 그것이 알고 싶다.

7. 중앙일보(2015.2.10) 최악의 집단 무기력에 빠진 한국의 교사들

8. 중앙일보(2015.2.10.)"교사 된 것 후회" 20%…OECD 1위,

9. SBS(2016.6.222016.6.22.), 직장인 스트레스 원인 1위는 '업무·고용 불안'

10. 동아일보(2011.7.112011.7.11.) 고령자 부양률 세계 2위, 재앙 막는 길 찾아야

11. 연합뉴스(2016.07.20) 세월호 유족 절반 외상후 스트레스…자살 시도도

12. 부정적자아상치료(http://blog.naver.com/PostView.nhn?blogId=k1k2k4k9&log
    No=220858979912)

13. 동아일보(2022.5.3.) 더 나은 일상 베터 노멀 1, 엔데믹블루 경고등